ASUKA CULTURE

英語が1週間でホイホイ聴けるようになる本

聴ける!
わかる!
話せる!

西村喜久
Yoshihisa Nishimura

まえがき

『英語が1週間でホイホイ聴けるようになる本』をお届けします。

「1週間で聴ける？　これこれ，いい加減なことを言わないでください」
───と叱られそうですが，もちろん1週間で完璧に何もかも聴き取れるということではありません。

　本書では，私が積年の英語学習によってつかんだヒアリングやリスニングのポイントを公開します。これらのポイントを理解してもらえ，そして実践をしてもらえると，1週間後にはすくなくとも「あれっ！　聞こえる！　わかる！　聴ける！」とネイティブの英語がわかる力の格段の向上を実感することはうけあいます。

　今さらですが，私は，30年ほど前に『ヒアリング大革命』というベストセラーを出したことがあります。本書は，その本をベースにしていますが，そのころは，ネイティブの話を聞く勉強を「ヒアリング」と表現していました。それが，今では，「ヒアリング・hearing」は，日本語で書くと＜聞こえる＞ということで，脳が勝手に他人の言語をうけとめている状態のことで，メディア，講演，会議などで他の方の話，スピーチ，対話，討論などを＜意識して聴く＞ことは，「リスニング・listening」というように変わってきました。

　ネイティブに接していると，たしかにヒアリングの場面もあれば，リスニングの場面もあります。マン・ツゥ・マンで話しているときは，リスニングしているというよりヒアリングして

いるときもありますし，ニューヨークのカフェ・バーで一人でコーヒーを飲んでいるときに，まわりの席の方の会話が耳に入ってきてわかるというのも，ヒアリングのエリアともいえます。

本書では，リスニングでもヒアリングでも，どっちでもいいことや，要するに**ネイティブの英語がくわかればすごく楽しいですね！**＞というスタンスで，タイトルを『英語が1週間でホイホイ聴けるようになる本』ということにしました（＾＾）。

TOEICや英検上級の英語が聴き取れるための本と言うより，町で道を尋ねてきた外国人の方や日本で働いている海外からのビジネスマンとバーやレストランですこし会話ができるようになるとか，海外に行ったときにご当地の方に話しかけて，日常会話や旅の英語のやりとりがペラペラ出来るくらいになりたいなあ，と言うような方の本だと考えてください。

そして，さらに練習を重ねていけば，やがて洋画のセリフがほとんどわかってしまったり，CNNやBBCのニュース英語もあらかた理解できるようになっていきます。どんな英語のリスニングにも臨機に対応できるようになり，英語を使うことが愉しくてしかたがない，という日を迎えることも可能になります。

まず，私が苦労して身につけてきた『西村式ヒアリング・リスニング10の法則』なるものを公開します。

英語を発声したり聞くときには，つかんでおくべきポイントというものがあるのです。

一言でいえば，**英語は**，「子音8割：母音2割」の発声なのです。
それに対して，**日本語は**，「子音2割：母音8割」の発声なのです。

———，どだい普通の日本人が英語をネイティブなみに流れるように話せるわけがないのです。英語圏で生まれたとか，ごく幼いうちに英語圏で生活するようになったとか，生まれつき英語脳が発達していたとかいう，特別な方々は別にして。

　それでも努力家の日本人は，「聞き流せば，ある日突然，話せるようになる」とかいうような無責任な英会話シリーズなるものに頼ってみたり，語学学校に年間100万近いお金を払ってみたり，あれこれと「英語を話せるようになりたい」と学習や勉強を続けてきました。そのなかで，流暢な英語を話せるようになる日本人も増えてきました。その方々は，努力して，上に述べたような土台のちがう発声のポイントを学び，会得し，実践してこられて，発声を「子音8割」の世界へと変貌させてこられたわけです。

　やはり「続ける方がいちばん伸びる」のですね。
　そういう基本のところをまず，おさえておきましょう。
　すべてはそこからスタートします！！！

　そのためには，本書のCDで，まず**発声の基本をマスター**されるのが上達への早道なのです。くり返し，本書を読み，かつ本書のCDを聴いてみてください。

　そして，自分で**腹式呼吸**を心がけて，**口慣らし**を実行してください。

　さらに，**速読みと速い英語の発声**に慣れるようにしてください。

　1週間，集中されると，「私の英語，なんかイケる！」と，自分の英語がいい方向へ，つまり伝わる英語へ変わってきている

ことを実感されます。あとはさらにいろいろな洋画を観たりCDを聴いてみたり，ネイティブと話をする機会を持つようにしてください。

　私は，『自称，日本一の英語教師』です。そして，英語教授ひとすじで人生を生きてきました。わが人生にかけて，努力されるあなたに，絶対，損はさせません。
　騙されたと思って実践してくださいね！

　なお，テキストには，要所にはカタカナを併記しています。発音記号の表示はあえて最小限にとどめました。これはあくまで語感をつかむ参考にしてもらうのが意図ですから，目安くらいに考えて，自分の口や耳を働かせて，本書のCDのネイティブ発声を聴くことで力をつけるようにしてくださいね。
　（なお，発音と発音記号については，私の『英語は発音だ！〈西村式〉音の構造でロジカルにマスターする英語勉強法』（明日香出版社刊）にくわしくまとめています。さらに勉強したい方はそちらも参考になさってください。）
　そうすれば，発声がうまくなって，リスニングができるようになり，それがまた自分の発声をよくして，さらにリスニングが上達するという好循環に入って，あなたのリスニング力は爆発を重ねていくことでしょう。

　さあ，それでは，Let's start！

<自称：永遠の英語青年教師>

西村喜久

『CD BOOK 英語が1週間でホイホイ聴けるようになる本』
目次

まえがき　　　　　　　　　　　　　　　　　　　　3

第1日目
発声を変えればヒアリングやリスニングも上達します！　　　15

英語式「吐く息」に強くなりましょう。そのためには1週間，朝，10回，口で息を吸って口で吐く練習をしてください。　　　16

『西村式ヒアリング・リスニング10の法則』を口ずさんでください。　　　19

まずは上達のポイントをおさえよう　　　20

第2日目

日本人が『英語を聴ける』ようになるためにまず知っておくべきこと　23

☆ポイント1☆　英語の音はhの音からはじまる！　24

☆ポイント2☆　英語の発声のベースは，息です。
　　　　　　　—日本語と英語とでは3倍圧力がちがう—　26

☆ポイント3☆　ヒアリングやリスニングの上達は，「語尾，文末がp, t, k, b, dの音がどれだけ聞けるか」で決まる！　30

☆ポイント4☆　『吐気先行』の原則と上手な発音法　33

☆ポイント5☆　連音の法則をマスターしよう　38

腹式発声をものにする練習法　42

第3日目

『西村式ヒアリング・リスニング 10の法則』 45

☆ヒアリング・リスニング・上達の法則1☆
語尾がtの単語の次に語頭が母音（ʌ, ə, æ, a, e, o, u）の単語がくるときは，tの音は，lに近い音に聴こえる（特に米国英語では） 46

☆ヒアリング・リスニング・上達の法則2☆
〔t＋子音〕のとき，tは無音になることが多い 51

☆ヒアリング・リスニング・上達の法則3☆
p, k, b, dが語尾のときで，次が子音の場合は〔t＋子音〕と同様，無音状態になることが多い 54

☆ヒアリング・リスニング・上達の法則4☆
〔m, n(g)＋t〕のとき，tは無音状態になる 56

☆ヒアリング・リスニング・上達の法則5☆
語尾が〔母音＋f〕で，次の音が子音のときは，fは〔v ブ〕と発声する 58

☆ヒアリング・リスニング・上達の法則6☆
語頭の吐気音のhは発声が省略されて，them＝em〔エム〕，him＝im〔イム〕，her＝er〔ア〕などに聴こえる。要注意！ 60

☆ヒアリング・リスニング・上達の法則7☆
　　文末(語尾)のp, t, k, b, dの音は消える　　61
☆ヒアリング・リスニング・上達の法則8☆
　　〔tr＋母音〕は「チ」と発音されることが多い　63
☆ヒアリング・リスニング・上達の法則9☆
　　〔子音＋t〕のとき，tは無音になることがある　64
☆ヒアリング・リスニング・上達の法則10☆
　　of〔オブ，オフ〕がさらに早くなるとofは
　　〔ア〕と発音されることがある　　65

第4日目

ヒアリング・リスニング上達練習帳　67

- ☆練習1☆　〔t＋母音〕のパターンを口慣らしする　68
- ☆練習2☆　〔t＋子音〕のパターンを口ずさむ　71
- ☆練習3☆　語尾または文末が〔p, k, t, d＋子音〕のパターンを口ずさむ　75
- ☆練習4☆　〔m, n(g) ＋t〕のとき，tは無音のパターンを口ずさむ　77
- ☆練習5☆　聞きづらい語尾または文末がp, t, k, b, dの音を聴き取る『法則3・6』　78

☆実力チェック☆
頻出100句を口ずさみましょう！
「どの法則にあてはまるか！　ズバリ言えればレベルは中級以上！」　79

第5日目

よく耳にする8つの〔動詞＋前置詞・副詞〕の連音リスニング練習帳　　91

1　Put にからむ練習　　92
2　Make にからむ練習　　94
3　Go にからむ練習　　97
4　Let にからむ練習　　98
5　Come にからむ練習　　100
6　Turn にからむ練習　　102
7　Give にからむ練習　　104
8　Get にからむ練習　　105
9　Leave にからむ練習　　107
10　英文になおしてください。　　108

第6日目
ヒアリング　リスニング　集中レッスン！　111

第7日目
さあ，これで総仕上げだ！　ビジネス英語のリスニングもOK！　143

これからの効果的な学習法――「シナリオ付きDVD」の活用――　175

あとがき　177

装丁　目黒　眞
イラスト　サン・クリエイト

☆ 西村式ヒアリング教室・受講生の感想 ☆

滋賀英会話学院の授業を見学したところ、まるで「趣味の集い」といった感じにびっくりしてしまい、その場で入学を決意し、今では3か月目です。

ところで、先日、はじめての外国旅行で、アメリカ人をつかまえてしゃべってみました。

すると、なんと通じたのです。

西村式で会話ができたのです。

たった10分くらいの短い会話でしたが、ネイティブと話ができたのです。英会話をはじめて3か月の私には、思いもよらないことでした。

それ以来、仲間から、「あいつは英語ができる」と言われるなど、私は、あの感激を一生忘れないでしょう。

これからもずっと西村先生のダジャレを聞きながら、楽しんで続けていきます。

ハッキリ言って、2年後、3年後の自分が楽しみです。

大津市　会社員　小〇博〇

第1日目 CD-1

発声を変えれば
ヒアリングやリスニングも
上達します！

毎朝10分間の「吐気練習」
１週間からあなたの英語は
劇的に変わります

「日本語と英語とでは，なぜ発音，イントネーションがこうまでも異なるのか。その原因というか〈奥深い関係〉がわかれば，自然と英語らしい発声が身につきます。そうなるとどんどんネイティブの英語が聴き取れてしまいます」

◎カタカナは小文字表記をふくめてあくまで参考です。ハッキリ聴こえるときもそうでないときもあります。

◎CD中では，日本文の説明は簡略化しているところもあります。あくまで英語中心に聴いてください。

> 英語式「吐く息」に強くなりましょう。そのためには1週間，朝，10回，口で息を吸って口で吐く練習をしてください。

　毎日，目がさめたら，ベッドで「**口で息を吸い，そして口で息を吐き出す**」練習をしてください。吐く息は一息も残さずすべて吐ききってくださいね。この方法を毎日10回ずつ1か月間続けることがベターなのですが，まずは1週間，やってみてください。

「なんで？」ですって，それはのちほどしっかりと説明しますが，
① 「吐く息の圧力」が大きければ大きいほど，それだけ文頭から文末まで英語がきれいに発音されます。英語のネイティブは，腹式呼吸で，英語も「吐く息」に乗っかっている音が多いのですよ。それも「大きい吐く息」ですね。
② 「吐く息の圧力」が大きければ大きいほど，それだけ英語の語尾や文末にあたるp, t, k, b, dという英語の低音部の音に敏感になり，不思議と英語が聴けるようになります。

　これは英語リスニング上達のための準備体操なのです。
　次に，もっともっと早く上達したい方々のために，西村式口慣らし練習課題を2つ提供しておきます。こちらも，1週間は，毎日，やってくださいね。もちろん，長く練習すればするほど，上達度も加速されますから，1週間でやめたりしないでくださいね。

> 〔1〕
> Mr. Hachichuchichuchuichuichui
> always gets up early in the morning.
> （ハァチィチュチィチュチュイチュイチュイ氏はいつも朝早く起きます）

<u>毎日，1分間ずつやっていると吐気力が強化されます。hのベースの音感と吐気力を養う</u>のにとても効果的です。

この方法は，文頭から文末までイッキに発声してください。

途中で息切れを感じたら，もう一度です。
そのとき，Ha よりも chi, chi よりも chu……のように<u>文末になればなるほど，吐く息の量が増すにつれて，単語をのばしてください。</u>

この課題を吐く息だけで練習をしていると，hをはじめ，これまであいまいだった語尾のp, t, k, b, dの音が聞こえるようになります。

吐気音が十分でない人は，普段から息を吸ったり，吐いたりしていると自然にできるようになります。

> [2]
>
> Mr. Patakabadaha patakabadaha always gets up early in the morning.
> (パァタァカァバァダァハ　パァタァカァバァダァハ氏はいつも朝早く起きます)

　これも〔1〕と同じように，声を出さないで吐く息，つまり圧力息だけで，最後になればなるほど，吐く息の量を多くして(in the) morning が一番単語がのびるように練習してください。

　この〔1〕と〔2〕は，できれば，毎日練習してくださいね。

　この練習は普段から日本語でも腹式呼吸でやれるまで頑張ってやってください。

　あとですぐに実感することになると思いますが，英語を聴き取れることが上達するためにとても役に立ちますから。

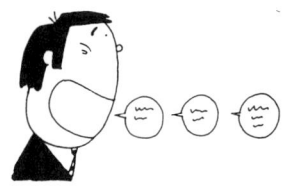

『西村式ヒアリング・リスニング10の法則』を口ずさんでください。

　本書で紹介する『西村式ヒアリング・リスニング10の法則』は，聴く力アップにとても効果があります。しっかり覚えておいてください。

　日本人がリスニングでつまずく原因のほとんどが，次の1）から10）までの法則のどれかですから。第3日目でくわしく勉強します。

> 1）〔t＋母音〕のとき，tはlに近い音に聴こえる
> 2）〔t＋子音〕のとき，tは無音かそれに近い音に聴こえる
> 3）語尾が〔p, k, b, d＋子音〕のとき，p, k, b, dは無音に近い音で発声される
> 4）〔m, n(g)＋t〕のとき，tは無音になることがある
> 5）〔母音＋f〕は〔v〕の音になることがある
> 6）themは〔ェム〕，himは〔ィム〕，herは〔ァ〕と発音されることが多い
> 7）p, t, k, b, dが文末のとき，無音に近い音で発音されることが多い
> 8）〔tr＋母音〕は〔チァ, チィ, チュ, チェ, チォ〕となることがある
> 9）〔子音＋t〕のとき，tが無音になることがある
> 10）ofは〔ァー〕と発音されることがある

まずは上達のポイントをおさえよう

　ヒアリングやリスニングが弱いという人は，市販のリスニングCDをよく買われるのですが，全くの初心者ならともかく，そうでなければ私は洋画をおすすめします。わかってもわからなくてもできるだけスピードの速い英語にふれることが効果的なのです。最近はテレビやインターネットも活用できますね。

　もちろん，ただCDなどを流しておけば，ある日，突然，聴けるようになるということではありませんよ。

　やっぱり日本人と英語ネイティブとは発声法がまったくちがうのですから，ある程度，理論と言うか理屈に則った勉強姿勢が不可欠ですから。

　だから，何十万円も払っても，あなたが「よし！　やるぞ」という学習意欲を持たないと，どぶへお金を捨てたと同じ結果になりますよ。

　映画では，いろいろな登場人物が出てきて，いろいろな人の発音，イントネーションのクセに慣れることができます。

　それでは，仮にリスニングCDをきくとして，あなたはどんなスピードで聞いていますか。

(1)　もっとも速度の遅いCDをかける。
(2)　もっとも速いCDを聴く。

もしあなたが(1)を選ぶならば，あなたは永久に英語を聴くことに苦しまなければならないでしょう。
　なぜかと言えば，方法がまちがっているからなんです。私は『上達』，『向上』ということは『ハンディをおく』ということだと思います。
　ちょっと例が飛びますが，私の子供に「荷物運び」を依頼しました。なんとか運んでくれましたが，「重いよ」。子供に力をつけさせたいと考えた私は，わざと60キロの重い荷物を持たせることにしました。「もっと重いよ。持ち上がらないよ」。それでも毎日練習をさせたところ，1か月後には，ビクともしなかった荷物を持ち上げられるようになったのです。ハンディが克服できたわけです。つまり息子によりきびしいハンディを与え，息子はそれに挑戦することで成長したわけです。

　リスニングやヒアリングも同じです。わからないからと言って，いつまでもわかるCDのみを求めることは，ハンディ（重荷），できないことへの挑戦とはなりませんから，リスニング力の向上も望めないことになります。
　映画，ドラマ，ソング，なんでもいいのです。わかってもわからなくっても何度も聴く習慣をつけてください。

　――ただ効率的効果的に上達するためには，ポイントをおさえておく必要があります。リスニングが弱い人は，本書で『ヒアリングやリスニングの法則』を身につけ，それを口ずさみ，英米人の発声法を早く知り，上達のコツをつかんでくださいね。

第2日目 CD-2

日本人が『英語を聴ける』ようになるためにまず知っておくべきこと

＜発声＞＜聴き取り＞上達のカンどころはここだ!!

英語ネイティブの先生に「すいません。もっとゆっくり，できるだけ正確に，わかりやすいように話してください」と依頼していませんか。そんなことをしていたら，いつまでも聴けないままで年をとってしまいますよ。

本書は，あくまで実際のネイティブ同士の会話や映画などでの英語を聴くための実践教室です。

まずは，日本人英語とネイティブ英語の間に存在する＜深くて暗い谷間＞について知っておきましょう。そうすると，意外と上達が早くなりますからね（＾　＾）。なぜなら，その谷間こそ，実は，上達のポイントになるからです。大いにお役に立ててください。

☆ポイント1☆

英語の音はhの音からはじまる！

　まず，とても大事なことは，英語と日本語では，発声・発音法がまったく異なるということを知っておくことです。この当たり前のことが，もっとも重要なポイントなのです。

　まえがきにも書きましたが，日本人のことばは，「母音を柱」にして構築されています。母音8：子音2――という割合だと指摘する言語学者もいます。それに対して，英語は「母音2：子音8」と言われています。

　日本人は，母音をきちんと大きく発音するように学んできました。ところが，「子音を柱」としてきた英語ネイティブは，そうではなくて，子音の扱い方が発音・発声に大きく影響をしてくるわけです。具体的な例は，のちに説明しますが，基本的には，英語を発音・発声するときは，この「子音重視」のところをいかに実行できるか，によっても，結果は大きくちがってくるわけです。

　「英語の音のベースは息なのです。吐く息，吸う息の音――これが英語のベースです」。このことを知らないと，生涯，私たち日本人は，英語リスニング・ヒアリングで苦しまなければなりません。くわしくは，後述します。

「**日本語は，有声音だけの世界です。**ところが英語は，吐く息，吸う息がベースとなっています。そして有声音がその息のあとからのっかるような感じで発声されます」

——この意味で，**英語は「腹式発声」です。『吐く息＋音』の世界であることをまず知ってください。**

ですから a〔ei〕（エイ）という発音・発声も

| h+a (ei) | ＝英語の"a"
| a (ei) | ＝日本語の"a"

ここでいう h は，「はぁ〜」と空気を吐く無声音のことですね。

英語では，a は実は〔h+a〕であり，b も〔h+b〕であり，c の音も〔h+c〕なんです。この意味で普通の a, b, c の有声音でも，ネイティブの発声には吐気に乗ってるぶんだけパワーが感じられますね。

h の音——とは言っても，はじめはピーンとこないかも知れないんですが，息の上に音がついてまわりますから，迫力がちがいます。

日本人からみると，どのネイティブの発音も何かこもったような巻舌のような発音に感じられるのも，〔**h＋有声音**〕**の世界**だからなのです。

こう考えると，英語と日本語の間の＜深くて暗い谷間＞が一気に理解できるでしょう。

☆ポイント2☆

英語の発声のベースは，息です。
——日本語と英語とでは3倍圧力がちがう——

英語ネイティブはなぜそんなに速くしゃべれるのか。
それは，腹式（呼吸）発声だからなのです。

それも，ポイント1でふれたhの音が基本です。

hの音を声を出して発声してみましょう。
まず，お腹に手をあててみてください。
そして「ハアーッ」と声，音を一切出さずに，吐気音を一気に出してみてください。
——酸欠をおこしてフラフラとめまいを覚える人もいるかも知れませんね。このとき，吐気の量は，最後になればなるほど，大きく圧力が加わります。

ここで注意したいのは，ハアーッと吐気（息）を出しているとき，あなたのお腹は，1）へこむ，2）ふくらむ——のどちらですか。

お腹に力が入ったり，ふくれたりする人は，英国式の発声英語をやればいいんです。このことはあとで詳しく述べます。

そして，ハアーッと息を出したとき，お腹がへこむ人は，練習しだいでは，英語ネイティブと見わけがつかないほどの発声ができる可能性を持っています。
　いずれにせよ，ハアーッという息の上に音がのるのです。
　「それとリスニングと何の関係があるんや」と思われるかも知れませんが，──これが大ありなのです。
　ネイティブと同じように，腹式発声方法で話せるようにすれば，自然とネイティブの発声音がより聴こえるようになるんです。
　ネイティブの速い英語を理解するには，腹式発声のことを知ることがきわめて大切になってきます。

　ハアーッという一息が，ある人は8秒，ある人は4秒，そしてある人は2秒続くとしましょう。
　そうすると，1つの文を一息で言うとき，8秒の人は8秒で1つの文をイッキに言えることになりますが，4秒の人は，文の始めから終わりまでを4秒で1つの文を言わねばならないことになります。
　そして2秒しか息が続かない人は，2秒で英文を読まなければならないことになります。
　実際には無理があります。
　ここに息の圧力，途切れがそのまま発声♪やイントネーションの乱れとなります。

　　Do you ♪ like ♪ coffee ♪ ?
　　（コーヒー好きですか）

を一息で，声を出さずに，息だけで，つまり隣りの人に聞こえないように耳のそばでささやく感じになりますが，いずれにせ

よ一息で言ってみてください。

　ハアーッという息の吐気量は、始めは少なく終わりは多くなります。

　ですから、Do よりも you、you よりも like、そして like より coffee の方が単語を伸びるように発声することになります。
　そして coffee のところでは、吐く息が全く残らないように全部吐き出すわけです。
　このとき、Do の o、you の y、そして like の k の音は、勢いをこめて次の音につなごうとするためにすごい圧力が加わります。普通、ネイティブの英米人は日本語の約3倍近い圧力で話してきます。
　——この **o、u、k のように次の音につなごうとするためにすごい圧力がかかる音を私は「ケリの音」**という名で呼んでいます。このケリの音の圧力が、一息2秒の人より4秒、4秒の人より8秒の人の方が、より強いので、より鮮明に聞こえるわけです。つまり単語の語尾がより鮮明に発声されるから「よくわかる」ということになります。
　そして、単語から次の単語の間につなぐケリの圧力、つまり吐気量が大きければ大きいほど発音もそれだけきれいに聞こえます。ですから吐気量の大きい人が、ケリの発音さえしっかりしていれば、これほどネイティブにとってわかりやすい英語はありません。news caster（ニュース・キャスター）、announcer（アナウンサー）などの明解な英語は語尾が鮮明に発音されるので、何度か聞いて慣れれば、必ずわかります。

　さて、英語はハアーッという息の上に音がのるのです。この意味で a から z までのアルファベットの発音は、h+〔a〜z〕ということになります。h はすべて吐く息の音を意味します。a

〔ei〕という発音1つをとってみても、ハアーッという息がベースである限りhの音（吐気音）＋a〔ei〕というのが、英語ネイティブの発声です。

　<u>東洋系の人の発声はhの音、つまり吐気音が入りません。ど</u><u>ちらかと言えば有声音だけの発声ですから</u>、東洋人同士の英語はお互いに比較的聞きやすいんです。ところが英語ネイティブにとっては、逆に息の量、つまり吐気圧力が少ない、東洋人の英語はそれだけ聞きづらくなるんです。

　hは吐く息を意味します。そして、その上に有声音が加わる英語ネイティブの英語は、声の幅は高音では日本語の約3倍カン高く、低音ではドスの聞いた低い音で発声されているのです。

　bとcは通常、日本人が話している有声音の発声の領域だとしますと、ネイティブは、吐気圧力が加わる分だけ、高い音はaまで、低い音ではdのところまで、高・低音共に音の幅が大きくなります。そうすると、a～d（腹式呼吸で発声される高・低音の幅）からbとcのところ（日本人が話している有声音の域）を引いたaとdの音――つまり日本人が通常、聞いたことも、言ったこともない発声の域ということになります。

　私は、この域の音を**「異音」**という名で授業をしています。つまり「へえ？」と首をかしげる音がこの音域だと考えてください。「異音」はすべて吐気先行（腹式発声）が原則です。このことをリスニングをするうえで知らないと、いつまでたっても速い会話が聴き取れなくなるのです。

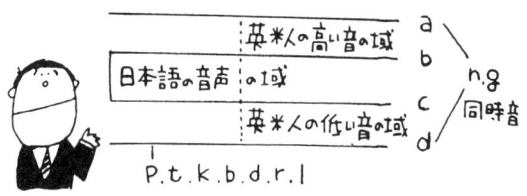

☆ポイント3☆

ヒアリングやリスニングの上達は,「語尾,文末がp, t, k, b, dの音がどれだけ聞けるか」で決まる!

目も醒めるような美人WOさんが私の学院に入学してきました。彼女との会話です。

WO)「私は2週間ほどアメリカに行ったのですが,リスニングができなくて本当に困ったんです。なんとかなりませんか」
西村)「では,テストしてみましょう」
WO)「えっ? テストですって」
西村)「まず,aからzまで発声してください」
WO)「先生! 私はリスニングが弱いと言っているんですよ。どうして発声しなければならないんですか」
西村)「どれだけリスニングができるか,できないかは,その人がどのような発声をするか——これで決まるんです。<u>発声・発音をないがしろにしていては,ヒアリングもリスニングもうまくはなりません</u>」
WO)「えっ? そんなバカな。私にはわかりませんが……」
西村)「信じられないのは,もっともです。手もとにある『ベンジー』の英語を流します。わからないところがあれば,言ってくださいね」
WO)「はい」

① Morning, Benji. Come on in.
   (おはよう，ベンジー。まあ中にお入り)
② You're late this morning.
   (今朝は来るのが遅かったね)
③ **You're almost missed seeing the kids.**
   (もうちょっとのところで子供達に会えないところだったよ)
④ **Here's your breakfast.**
   (ご飯よ，おあがり)
⑤ Is Benji here yet?
   (ベンジーはもうここへ来たの)
⑥ Yes, Benji is here already.
   (ええ，ベンジーはここに来ているよ)

　speakingだけをとってみるとよくできる彼女がリスニングできなかったのは，上記の③と④なんです。
　彼女は，③のmissedをMissに，そしてHere's yourをDid youに完全に聞きちがえているのです。

WO)「もう一度，お願いします」
西村)「どうぞ！」
WO)「……やっぱりDid you～? ですよ。Here's your～なんて言っていませんよ」
西村)「有声音と吐気音，つまり音を出さずに息だけで言う音とでは，どちらが鮮明に録音されていると思いますか」
WO)「そりゃ，有声音の方でしょう」
西村)「そこがちがうんです。実験しましょう」

私はボイスレコーダーを5m先におき，日本語で普段話している有声音と同じ圧力で，彼女に読んでもらって録音しました。

　　You're almost missed seeing the kids.

　次に声を出さないで内緒話をするように，吐く息だけを使って，私が録音しました。有声音と吐気音とでは，どちらが語尾をふくめて鮮明に英語が聞けるかを試してみたわけです。

西村）「さあ，どちらですか。有声音と吐気音とではどちらが，言葉そのものがはっきりしていますか。吐く息だけでやると単語の語尾が鮮明でしょう」
WO）「驚きました。先生が吐く息で話されるとすべての単語の発音が明確ですね。特に語尾が鮮明です」
西村）「その通りです。それにくらべあなたが，いくらきれいに発音し，発声しているように思ってもあなたの吹き込んだ missed の ed は，聞きずらい音になっていますね」
WO）「本当ですね。はじめて<u>有声音よりも，吐く息で発声する方がはるかに英語では鮮明に聞こえる</u>とわかりました」

　こういうわけですから，『**ヒアリングやリスニングに強くなる方法は，1にも2にも吐気音に強くなることなのです**』。つまり，日本人が聞こえないのは低音の部分です。もしあなたがネイティブと同じ程度の吐気圧力で英語を話していれば，当然，同じ圧力でネイティブから話されてもその音域に慣れるわけですから，必ずリスニングができることになります。

　リスニングに強くなるには，できるだけ吐気で英語を口ずさむことです。そうすると自然に語尾の p，t，k，b，d，……などの音にも敏感になり，必ず聴けるようになります。

☆ポイント 4 ☆

『吐気先行』の原則と上手な発音法

先にも述べましたように、英語は吐気の圧力がベースになります。hを入れたハアーッという息がベースです。

〔1〕 rとə

ハアーッという吐気音を出しながら、口をタテに思いきり開け、舌を下の図のように、くるりとまるくするとrの音がでます。このとき、口唇の先は、自動的にまるくとがらせた格好になります。

このとき、舌の先を前歯のうしろ側にある膜につけないこと。そして、さらにハアーという吐気音を出しながら口唇をとがらせると〔uウ〕という音になります。

そして〔uウ：〕の音を出しながら、rよりもさらに舌をくるりと奥の方にまるめます。そうすると、ə「ア」の音がでてくることになります。

日本語には、象形文字というのがありますね。それと同じで、発音する舌の伝導を文字にしたのがrでありə（ア）の音と考えていただければ、発音記号もより親しみやすいものとなりますね。

〔2〕 **l・t・d の音**

そしてハアーッという吐気音に今度は、前歯のうしろの腔のところに、思いきり舌をぶつけて出す音が、l, t, d の3つの音なんです。口を横に開けば開くほど、l, t, d の音は発声しやすくなります。吐気音つまり息がベースですから、日本語とはちがって、吐気音を伴ったものすごい圧力で発声されるため、しばしば l を除く t, d の間から吐気圧力による余音が響きます。

ハアーッという吐気音を口をタテに開けながら lu（ルウ）という音を出そうとすると、口唇を自然と前の方にとがらせる格好になります。

du（ドウ）も tu（トウ）もそうです。

〔3〕 **æ の音**

次に、ハアーッという音を出しながら口をタテにいっぱい（大きく）開け、そして今度は、同時にヨコにいっぱい口唇を開こうとしてみてください。そうすると、口をタテとヨコと同時に開けた格好になりますね。そして「エッー」という音を出すのです。そうやってみてください。〔æ〕の音です。

ちょうど歯医者に前歯の治療をしてもらうとき、口を開けて、「エッーと言って」といわれるシーンを思い浮べてください。

〔4〕 iとeの音

ハアーッという吐気音を出しながら口を思いきり横一杯に広げて、〔i イ〕と言ってみてください。そのとき、ほほに「これ以上、しわがいくか」——というところまで、自己の顔の恐ろしさをかえりみずやってみてください。

そして、ハアーッという吐気音にのせて、思いきり口唇を横に広げ〔e〕（エ）と発声し、下唇が自然と下の方に下がります。

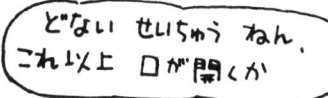

〔5〕 oとuの音

ハアーッという吐気音にのせて、唇を思いきりまるく前の方に突き出し、〔o オ〕、〔u ウ〕と発声してみてください。

〔6〕 pとbの音

ハアーッという吐気音を出しながら、口唇を途中でイッキに閉ざしてください。そうすると完全に吐気音、息を閉ざした格好になりますね。そこから余った吐気音でb, pと発声する音を言います。

〔7〕 θとðの音

ハアーーという吐気音（有声音）を出しながら，舌を外に突き出し，上下の歯で同時に軽く舌をおさえたときにでる摩擦音がðの音で，同じ要領で，ハアーッという息だけで上下の歯で軽く舌をおさえたときにでる摩擦の息の音をθ（ス）という発音記号で表わしています。θも歯でおさえる舌の格好を記号にしたものです。

〔8〕 kとg・ʃとʒ

ハアーッという吐気音を出しながら，口唇をまるく突き出し，ジーッと言ってみてください。〔ʒ〕という発音が鮮明にできます。そして同じように口唇をまるく突き出し，〔グ〕と言ってみてください。〔g グ〕の発音がきれいにできます。

次にハアーッという息だけで圧力を入れ，口唇をまるくとがらせ，音を出さないで〔k ク〕とやれば，〔k〕の発音がネイティブ並にできます。そして〔ʃ シ〕の音はハアーッという息を圧力を加えながら，同じように口唇を前に思いきりまるくとがらせ〔シー〕と音を出さずに息だけで発声してみてください。

これまでとりあげた発音は，英語で必要不可欠なものばかりです。
　『吐気先行』の原則を忘れないでください。ですから，

Watakushi wa America kara kimashita.
（私はアメリカから来ました）

という日本語を英・米人が言ったとき，彼らは腹式発声が原則ですから，「ハアーッ」という息が先行し，そのうえに有声音が加えられるので，

「W(h)at(h)ak(h)ushi w(h)a Am(h)er(h)ik(h)a k(h)ar(h)a
　ワァ　タァ　クゥ　シィ　ワァ　ア　メェ
　リィ　カァ　カァラァ

k(h)im(h)as(h)it(h)a」
キィ　マァ　シィタァ

　と，1語1語の間にh＋母音という感じで吐気音が聞こえてくるのがよくわかるハズです。
　ですからリスニングのポイントはhの音がベースですから，ハアーッという吐く息にすべて音が加えられるので，rat〔ræt〕ねずみ1つの発音をとってみても，rとaの間にhの音がどうしても入るんです。
　ここのところを否定すると，英語のリスニングの核から見離されてしまうことになります。

☆ポイント5☆
連音の法則をマスターしよう

> 英語は文頭から文末まで日常会話はノンストップが大原則。
> 文末になればなるほど単語の発声は伸びる。

　英語ネイティブの発声はイッキ，腹式発声でしたね。ですからヒアリングやリスニングをする場合，1つの単語の語尾の発声も次の単語の音が何かによって変化してきます。つまり次の単語の語頭の音によって，聴き取りづらくもわかりやすくもなります。

　put it の発音は1つ1つをとってみると〔put〕プットと〔it〕ィットなんですが，まとめて発声しますと〈プリッ〉と聞こえます。くり返しますが，h がベース，つまり吐気音の上にすべての有声音が存在するという大原則をマスターしない限り，リスニングの本当の核となるものを学ぶことはできないのです（発音，発声もある程度の上達はできても極意に達することはできません）。

　もっとも私たちは日本人ですから，日本人らしさの英語の方がネイティブには信頼性もあります。ですから発音や発声をネイティブと全く同じにしてください——と言っているわけではありません。
　大切なことは，『吐気先行の大原則』を知ることです。ネイティブの有声音ばかりではなく，吐気音がどれだけ聞けるかと

いうことが，大切なのです。

　まず，英国英語の世界から述べます。英国英語とは，ズバリ「吐気音＋有声音の世界」です。ハアーッという音にいつ，どんなに吐気音をジャマする音がでてきても，ちゃんと発音，発声するのです。

　吐気音をジャマする音とは，つまりハアーッという吐く息の障害音を意味します。

　それは具体的にはp，t，k，b，dの音です。
　英語でハアーッという息だけを使って文頭から文末まで一気に発声してみてください。

　　　プリーズ　　カモ　　　オノオ　イン
　Please come (on) in.
（どうぞ，中にお入りください…）

イッキに文頭から文末まで息をつがないで言えますね。

では，次の文を同じようにイッキで言ってみてください。

　　　ドント　フッテ　イット　アウト
　Don't put it out.
（それを外に出さないでよ）

　真剣にやってみた方なら誰もがわかってもらえると思うのですが，ハァーッという息を妨げる音がありますね。明らかにここでは，pとtの破裂音が，文頭から文末までイッキに言うの

を妨げ，ブレーキをかけていますね。

　吐気音の法則を知ることが，リスニングと大いに関係してくるんです。吐気，つまり息の圧力にブレーキをかける音は **p, t** の他に **r, k, b, d** があります。

　英国人はこれらの p, t, k, b, d の音がイッキ英語を妨げる音であればあるほど，よりよけいに息の圧力を増し，これらの障害音をものともせず丁寧に発音発声をするんです。

　ですから，Don't の t から，次の put の p を言うときのケリの音には，日本人の想像を絶するようなものすごい息の漏れる音が耳もとでさく裂します。
　つまり英国人は，たとえ文中にどれだけイッキ英語を妨げる音がでてきてもきちんと発音・発声をします。——この意味では真面目そのものです。ですから英国英語は，吐気音に聞き慣れれば誰もができます。発音発声面から英語を磨き，同時にリスニングを向上させたいという人は，息で a から z まで出す音に慣れることから始めてください。

　<u>「p, t, k, b, d から次の母音に移るときに発せられる吐気音」</u>は，英語の音の中で一番圧力をかけて発せられる音です。

WO)　「先生，なるほどよくわかりました。でも私は声も細く，吐気音を出せと言われても胸式呼吸ですから，とてもついていけません。おそらく私のように腹式呼吸ができない人が多いと思うのですが」

西村)　「実は，私が今まで苦しんできたのは，腹式発声方法についていけない人のリスニングをどうするかということ

なんです。

　……それは，これまで述べてきましたように英語はハアーッという〔吐気音＋有声音〕の世界です。ところがハアーッという吐気音に完全にブレーキをかける音がいくつかあるんです。それがp, t, k, b, dの音です。ハアーッという吐気音にのせて文頭から文末まで一息で話す英語も，これらの音がある限りどうしても障害音があるために勢いよく続けて次の単語に**blending**（連音）ができないんです。

　腹式発声ができないと，英国英語もちょっとくずした英語も，たとえば，映画，音楽，スピードの特に速いもののリスニングもできないことになります。そこで私が次に述べる『腹式発声をものにする』練習をすると，画期的なリスニングの効果がでてくるので，頑張ってやってください」

WO）「えっ？　そんな練習があるのですか」

西村）「ええ，だまされたと思ってやってみてくださいね」

腹式発声をものにする練習法

☆練習1☆

　英国英語を鮮明に聞く最良の方法は，私の経験では，「ハァ・ヒィ・フゥ・ヘェ・ホォ」「パァ・ピィ・プゥ・ペェ・ポォ」とパ行を1つ1つ一息で思いきり圧力をかけて，頭がクラクラするほど勢いよく発声してみることです。

　このとき，「ハアーッ」という音をイッキで言うとき，「ハ」というよりも「アー」の方が激しく圧力を加えるように言ってみてください。

　この練習は，ha行とpa行の練習ですが，同じように，pa行とba行とka行，そしてra行と吐く息だけをたよりに練習してみてください。

☆練習2☆

　音を出さずに，1つ，1つ，**息だけで思いきり圧力を入れて前かがみになるようにして音を出しながら言ってください。**

ra ／ ri ／ ru ／ re ／ ro
pa ／ pi ／ pu ／ pe ／ po
ka ／ ki ／ ku ／ ke ／ ko
ba ／ bi ／ bu ／ be ／ bo
ta ／ ti ／ tu ／ te ／ to

☆練習3☆

　息が十分出せない人は，次の練習をしてください。
「深呼吸を鼻を一切使わずに口だけで息を吸って吐く練習」
を続けてください。
　いつもこの深呼吸を心がけていれば，知らず知らずの間に胸式から腹式呼吸ができるようになります。
　ウソかホンマか知りませんが，うちの生徒の何人かに聞くと，腹式呼吸をやると，次のような効能があるそうです。
　① 安産型の女性になれる
　② 声に幅ができ，説得力のある話し方ができる
　③ 健康に良い。お腹が空き，食事がうまい
　④ カラオケがうまくなる
　⑤ 英語の発音・発声がピカーと言われるようになった
　⑥ リスニングが聞けるようになった

☆練習4☆

　今度は，①息を吐く，②息を吸う――の往復連続運動です。
10秒で言えるまで毎日寝る前に練習してください。

息を吐く	吸う	吐く	吸う	吐く
ra	ri	ru	re	ro
pa	pi	pu	pe	po
ka	ki	ku	ke	ko
ba	bi	bu	be	bo
ta	ti	tu	te	to

どうですか。できましたか。

このように毎日の吐気練習をしていると,必ず腹式呼吸ができるようになります。

<u>この腹式呼吸の吐気練習はリスニングにきわめて役立つのです。</u>

日本人の英語は1語1語切って発声するので,特に語尾が p, t, k, b, d, r, h の次に子音がくる場合の音が圧力不足で, speaking においても,相手に通じず I peg your pardon? (もう一度言っていただけますか)と言われることが多くなるわけです。

そこで私は息の排出量に達するまで,ハアーッ,ハァーッと ra, ri, ru, re, ro と練習をしてもらいました。

そして,次にハァーッという息を出しながら,声,つまり吐気音から有声音に変える練習を始めてもらいました。

その過程は,口をタテに思いきり開けてハァーッという吐気音の次に音がでてくるようにWOさんに練習をしてもらったわけです。つまり吐気音と有声音が同時に発声する域で生徒さんに練習をしてもらったのです。

このとき,内からこみ上げてくるすごい吐気力がハァーッという息の音を出さしめ,そのあとから声を押しあげるような感じになります。

この練習が進むにつれて,WOさんのリスニングの力もドンドン進歩していきました。

第3日目 CD-3

『西村式 ヒアリング・リスニング 10の法則』

この法則で練習すれば，
聞ける・聴ける・わかる！

> ☆ヒアリング・リスニング・上達の法則1☆
>
> 語尾がtの単語の次に語頭が母音（ʌ, ə, æ, a, e, o, u）の単語がくるときは，tの音は，lに近い音に聴こえる（特に米国英語では）

　Please ↗put ↗it ↗up.→.（それを上にやってください）。
　学校英語では，〔プリーズ　プット　イット　アップ〕と丁寧に発音するように教えられてきましたね。
　実際の英国英語ではpleaseの語尾である〔z ズ〕の音から，息を切らずに次のputのpまで一息で発声するわけですから，ものすごい圧力，吐気音を伴います。ものすごい「ケリの音」となります。
　どちらかといえば，英国人は，1つ1つの語を大切に発声しようとします。
　ところが，米国では，ハァーッという「吐気優先の原則」，つまり腹式発声方法というのは変わらないのですが（英国英語と比べて），ハァーッという吐く息に音声を同時にのせて発声します。
　<u>tの音は，l, t, dの音と全く同じ舌の位置です。日常会話ではtの次に母音がくる場合は，できるだけイッキ有音声で言えるように抵抗の少ないlに近い音で発声されるのが普通です。</u>
　例えばDatale（ダタレ）。Dataleを10回ほどくり返して発音すれば，どの音が一番抵抗が少なくてすむかがよくわかります。ハァーッという息の音がベースですから，Dataleを，Dhathalhe（ダハァタハァレヘェ）と10回ばかりくり返すと，l

の音が一番，有声音に近く，抵抗が少ないことがわかります。
　こういうわけですから，tの音はlに近い音になります。

　　Please ↗put ↗it ↗up.

　この英語は〔プリーズ　プリレァップ〕と聞こえることがしばしばです。

　これらのパターンは，主に日常会話に限られます。ニュースや演説，討論の場では，やはりtは，教養のあるネイティブはちゃんと発音しています。

　しかし，一般の人の発声は法則とおりの例も多いので，きちんと練習をして聴き取れるようになっておきましょう。

　〔t＋母音〕のパターンを〔l＋母音〕に近い音で練習してみてください。

CD I haven't go[t] in touch with him yet.
　　　　　　　ガッリン
　（まだ彼と連絡がとれていないんだ）

〔西村式〕　米語では，ハアーッという息だけの音に有声音が同時に加わりますから，スピードを出して発声されると，get in〜は，〔ゲッリン〕となるか，それに近い音に聴こえます。「get＋母音」のパターンはよく慣れておいてください。

□ **ge[t] out**〔ゲッラアゥ〕（出ていく）
□ **ge[t] off train**〔ゲッレオフ〕（電車をおりる）
　　——イッキに発声しますから，offは〔アフ〕に近い音にしばしばなる
□ **ge[t] into**〔ゲッリイントゥ〕（〜に入る）
　　——intoは〔イントゥ〕と発音する
□ **ge[t] on train**〔ゲッロオン〕（電車にのる）

47

☐ ge|t| up 〔ゲッェアップ〕（起きる）

CD You'd be|tt|er put it straight up.
　　　ベェラ　プリィル　ストレェイレ　エアップ

〔**西村式**〕　put もイッキに吐気音にのせて発声しますから，**put it** で〔プリィル〕に。そして **straight up** は〔ストレェイレエアップ〕に近い音でまくしたててきます。

　put も get も t で終わっていて，いろいろな場所と方向を示す前置詞・副詞を伴いますから，よく慣れておいてください。

☐ pu|t| i|t| on　（それを上にやる＝のせる）
　プリィルオン

☐ pu|t| i|t| out　（それを外に出す）
　プリィルアウト

☐ pu|t| i|t| in　（それを中に入れる）
　プリィルィン

☐ pu|t| off going there　（そこへ行くのを延期する）
　プルアフ

CD Don't ↗ cu|t| in ↗ wha|t| ↗ I've said.
　　　ドン　　　カリン　　　ワァラァイ
（私の言ったことに口を出すなよ）

〔**西村式**〕　cut in で〔カリン〕に近い音になります。あとで説明しますが Don't の t は，無音になりますから，Don't で〔ドン〕。それに cut in〜となります。〔ドンカリン〕に聞こえます。what I〜で〔ワァラァイ〕に近い音に聞こえます。cut a joke も（t＋母音）のパターンですから〔カッラアジョーク〕に聞

こえます。

　なんせ英語は，イッキ発声です。

- □ cu|t| out　（切り開く）
  カルアウ（ト）

- □ cu|t| up　（切りさく）
  カラップ

- □ cu|t| it out　（よしなさい）
  カリィラウ（ト）

——主に命令形で用いる

- □ cu|t| away　（逃げ出す）
  カラアウエイ

Ⓒᴅ You'd better not sit up late at night.
　　　　ベラァ　　　　シッタップ

（夜ふかしはしない方がいいよ）

〔西村式〕　better は〔ベラァ〕，sit up は〔シッタップ〕に近い音になります。イッキに言われると，この法則を知らない限り「ヘエ？」と首をかしげたくなりますね。米語では，stay up late を使います。

Ⓒᴅ Please put it right in.
　　　　プリィッ　ラァイリィン

（どうぞ，それをちゃんと中に入れてください）

〔西村式〕　put it で〔プリィ（ト）〕，right in は〔ラァイリィン〕となります。right は，in, out, up……などの前置詞，副詞を強めるとき，right in〔ラァイリィン〕，right out〔ライラウ（ト）〕などの句にも注意しましょう。

□その他の〔t＋母音〕のパターン

- □ **pretty** 〔プリィリィ〕（かわいい，とても）
- □ **pottery** 〔ポラアリィ〕（陶器）
- □ **important** 〔インポーラン(ト)〕（重要な）
- □ **letter** 〔レェラァ〕（手紙）
- □ **forget it** 〔フォゲエッリッ(ト)〕（それを忘れる）
- □ **not at all** 〔ナッラアロオール〕（どういたしまして）
- □ **take it away** 〔テェイキッラアウェイ〕（それをのける）
- □ **whatever happens〜** 〔ワァレェバァ〕（何が起っても）
- □ **eat out** 〔イーラアウ〕（食べてしまう）
- □ **caught a cold** 〔コーラアコールド〕（風邪をひいた）

> ☆ヒアリング・リスニング・上達の法則2 ☆
>
> # [t＋子音]のとき，tは無音になることが多い

英語はハアーッという息の上に，特に米語では音が同時に発声されます。ところがtは完全に上歯の歯茎のうしろに舌をつけるため，イッキで圧力をかけて発声しようとすればするほど障害となります。<u>特にtの次が子音のとき，tはほとんど無音に近くなります。</u>

Ladies ♪ and gentlemen ↘ ! (みなさん！)

gentlemenは，英国英語では，ちゃんと〔ジェント(ゥ)ルメン〕という音は発音されるのですが，米語では〔ジェンルウメン〕に聞こえます。

　　□ cas**t**le 〔**キェアスル**〕（城）
　　□ wha**t** time 〔**ワッタイム**〕（何時）
　　□ wha**t** part 〔**ワッパアト**〕（どのあたり，どの部分）
　　□ li**tt**le 〔**リル**〕（少しの）

などは，よく見覚えのある単語ですが，これらの太字のtは，ほとんど聞こえない音なので，要注意です。

ⓒⅮ It's ♪ very ♪ <u>difficult for</u> me to do so. ↘
　（僕がそうするのは難しい）

difficultのtは，次の単語がforという子音で始まっていますので，tは無音状態に近い音になります。

㏄ That isn't for you but for her.
　（それは君のためではなく，彼女のためなんです）

　1つの文の中で isn't の t，そして but の t が，無音に近いので〔イズンフォーユーバッフォハァ〕に聞こえます。
　このパターンによく慣れるには，次のような練習が必要です。
　ハァーッという息を思いきり圧力をかけて hat〔ハット〕と言ってみてください。次に，〔ヘエアッ〕といって t は音を出さないでちゃんと吐気音を上歯のうしろの歯茎のところでピタッとつけ，ストップさせます。そのとき，いささかの空気がもれてもダメですよ。
　この練習をするのには，次の口慣しをするのに限ります。1週間は，やってみてください。

> ㏄ Doesn't Mr. Okada doub|t| tha|t|
> 　Mr. Pu|t|-Cu|t|-Ha|t| can'|t| wri|te|
> 　i|t| even a li|tt|le ?
> （岡田氏はプッカップハッ氏が少しも書けないと思っているの？）

　これをスムーズに言えるまで，毎日少しずつ口ずさんでください。
　t の発音ばかりか，「今日は，どうも口が重い」というときの speaking のちょっとした練習にもなります。can't と can の区別もはっきりしてきます。can't は〔キャァン〕の〔ャァ〕に圧力がかかってすごいブレーキがかかりますから，慣れれば問題はありません。この練習をするのには，次の口ずさみもお忘れなく。

> ⓒⒹ Mr.Can-Can'[t]-Can can'[t] understand what Mrs Can-Can'[t]-Can has said.
> (キャンキャントキャン氏は，キャンキャントキャンさんの言ったことがわからないんだ)

イッキですよ。それも文の始めから終わりまでね。

can't を米国人が言うときは，日本人には聞こえませんが，たいてい t の音を発声しているのが普通です。でも教養のない人には t を飛ばしてしまう人もいます。日本人が speaking ではあまり t を省略することはよくありません。あくまで耳を慣らすため，つまりリスニングの練習のためにやっていることをお忘れなく。

- □ **cooperate** 〔カアァパレエイツ〕with～ (～と協力する)
- □ **take a short-cut** 〔ショーツカツ〕(近道をする)
- □ **night game** 〔ナァイツゲエイム〕(夜間試合)
- □ **studen[t]** 〔ステェドン〕(学生)
- □ **put together** 〔プットゥギャザァー〕(組みたてる)
- □ **hop step jump** 〔ホッ(プ)ステッ(プ)ジャーン〕
- □ **jus[t] walking in the rain** 〔ジャス(ト)ウオキニイン ザ レエイン〕(雨に歩けば)
- □ **Tha[t]'s righ[t].** 〔ザッツライ〕(そのとおり)
- □ **go straigh[t] down～** 〔ゴーストレェイダウン〕(まっすぐに下がって)
- □ **vacan[t] room** 〔ヴェイカンルーム〕(空き室)
- □ **wri[te] down** 〔ライダウン〕(書く)
- □ **ea[t] down** 〔イーダウン〕(食べる)
- □ **je[t] plane** 〔ジェッ(ト)プレエイン〕(ジェット機)

☆ヒアリング・リスニング・上達の法則3 ☆
p, k, b, d が語尾のときで、次が子音の場合は
〔t＋子音〕と同様、無音状態になることが多い

　ハアーッという息に同時に音がのるようになると、これまでの自分の英語が信じられないほどきれいな発声になります。発音は言うまでもありません。もっとも自分の英語がしゃべれないのでは話になりませんが……。

　さて、〔t＋子音〕の場合は、tが無音になることは、『法則2』でよくわかってもらえたと思います。

　今度は、語尾がp, kのときの説明です。
　例えば、knoc|k| down と言えば、「打ちのめす」という意味なんですが、このknockのk、そしてdownのdを言うとき、k（語尾）＋子音となりますから、〔ノック・ダウン〕のkの発音は、息だけの音となりますから、ヒアリングやリスニングでは、聞きづらい音になります。

ⓒⅮ I thin|k| that's very difficult for me.

　　（そのことは、自分にとって、とても難しいと思います）

　——この文、think のkは語尾です。次が that ですから、〔k＋子音〕のパターンです。
　ですから、think のkは息だけの無音状態ですから、kはややとんだ感じに聞こえます。

difficult の t も，次が子音ですから聞きづらい音になります。

- **look down** 〔ルッ(ク)ダァウン〕（下を見る）
- **look behind** 〔ルッ(ク)ビィハインド〕（うしろを向く）
- **stripe pattern** 〔ストゥラアイ(プ)パターン〕（しま模様）
- **I feel very tight.** 〔タアイッ〕（窮屈な）
- **soap opera** 〔ソオー(プ)アパラ〕（連続メロドラマ）
- **keep cool** 〔キー(プ)クール〕（落ちついて）
- **vacant room** 〔ヴェイカン ルーム〕（空き室）
- **strike the match** 〔ストゥラアイ(ク)メアッチ〕（マッチで火をつける）
- **keep straight on** 〔キープストゥレエイロン〕（まっすぐ行く）

この形に慣れるための万能発声練習があるんですよ。

CD Mr.-Cap-Cook-Rob took Rob-Cook-Cap for Cook-Cap-Rob.
（キャップクックラブ氏は，ラブクックキャップ氏をクックキャップラブ氏とまちがえた）

という文をイッキに何度も何度もくり返し練習してみてください。

このとき，p，k，b，d はちゃんと発音してください。
〔k〕という発音は，実践では，口唇をまるくとんがらせるように突き出し，〔ク〕と発声してみてください。
p も k と同じ要領でやってみてください。

☆ヒアリング・リスニング・上達の法則4 ☆

〔m, n(g) + t〕のとき，t は無音状態になる

m+t や n+t で終わっている単語には m, n（鼻音）があるために，次に来る t の音は，ほとんどが無音になります。

たとえば，

ⒸⒹ I'm ♪ going ♪ to go ♪ to Kyoto ♪ tomorrow. ↘

（私は明日京都へ行くつもりです）

ⒸⒹ I'm going ♪ to Kyoto ♪ tomorrow. ↘

という文ですが，I'm going to〜の going to は n(g) + t ですから，**アイムゴォナア**とイッキにたたみかけてきます。

ⒸⒹ I ♪ can't ♪ stop ♪ loving you. ↘

（愛さずにいられない）

〔**西村式**〕 can't の t は次が s という子音という点からもブレーキがかかり，なおかつ n + t という法則からも，t は無音状態になります。

でも，ずいぶん t はきらわれたものですね（＾＾）。

can〔キアン〕
can't〔キェアーン(ッ)〕

ⓒⅮ I want to go ↗ summering ↗ somewhere. ↘

（どこかへ避暑に行きたい）

〔**西村式**〕 to は〔トウ〕という発音と，〔**タア**〕という発音と両方があります。
　米国では〔**タア**〕と発音することが多いのです。

　そこで **want to** は，〔n＋tの法則〕によって，want の t と to の t も口語ではしばしば省略され，〔**ウアナア**〕とやることが多いので覚えておくと便利です。
　でも親しい関係の人たちに限られます。

ⓒⅮ I've been to Osaka twice.
　（大阪へ2度行ったことがあります）

〔**西村式**〕 have been to〜も，〔n＋tの法則〕により，〔**ビイーナァ**〕となることが多いようです。
　慣れておいてください。
　でもネイティブの前では，この型を使うのはあまり好ましくありません。
　あくまでも，聴き取りの参考に覚えておくようにしておいてください。

☆ヒアリング・リスニング・上達の法則5☆

語尾が〔母音+f〕で，次の音が子音のときは，fは〔vブ〕と発声する

　ofのfは，ハアーッというものすごい圧力に加えて，下口唇と前歯で摩擦させて〔fフ〕といいます。イッキに言うためには相当なエネルギーが要ることになります。ですから次に子音がくる場合はfを〔ブ〕と発音することが多いのです。

　これも文の始めから，終わりまでイッキに吐気先行の原則で発音する場合，吐気量が多ければ多いほど，抵抗（エネルギーの消耗）が大きいことになります。
　そこで，fをv（有声音）と発声するのも，vが同じ下唇を上歯で軽くおさえて発声する音だからなのです。

　a lot of（people）が，〔アロッタブ〕となるのも，ofの次に来るpeopleのpを言うのに勢いをつけて発声するためなのです。
　日本人が発音，発声する場合は，fはちゃんとf〔フ〕と，vは〔ブ〕と正しく発音するようにしてください。

㊢ What part of Tokyo are you going to ?
　（東京のどのあたりに行きますか）

〔西村式〕　法則1によりpartは次が母音ですから，partのtはlに近い音で発音されます。そしてofは〔母音+f〕で，その次の音がTokyoのT（子音）ということになりますから，ofは〔アブ〕と発声されることがしばしばです。

㊢ Who'll ↗ take over my job ? ↘
　　Mr. A ↗ will do ↗ it instead of ↗ you. ↘

　（誰が私の仕事をひきつぎますか）
　（あなたのかわりにAさんがやることになるでしょう）

〔西村式〕　英語は腹式発声が原則ですね。最後になればなるほど，吐気量が大きいわけですから，それにつれて有声音の圧力も加わります。
　ですから最後になればなるほど，単語が伸びて発音されます。**job**は〔ジャーブ〕に近い音になります。
　instead ofの**of**は，〔**アブ**〕となります。
　そして，さらにスピードが増すとofは〔ア〕となります。
　What part ofは，普通では，ofは〔アブ〕でいいのですが，とても早いスピードではofが〔ア〕しか聞こえないことが多いのです。法則10で説明します。

　What part of Tokyoは，ワッ　パアーラァ　トーキョーに聞こえます。また**a lot of**は，アロッラア，とも聞こえることが多いです。

> ☆ヒアリング・リスニング・上達の法則6 ☆
>
> 語頭の吐気音のhは発声が省略されて, them = em〔エム〕, him = im〔イム〕, her = er〔ア〕などに聴こえる。要注意!
>
> ※〔エム〕は〔ｴム〕にも聴こえる。あまり気にしないで

英語では, h がベース, つまり吐気音の土台となります。このことは何度も述べてきました。

ですから, h が語頭にくる場合は, **honest**(正直な)や, **hour**(時間)は〔オネスト〕,〔アウァ〕のように h を発声しない単語がでてきます。

ですから, 米国語では, give her = give'er。give him は, give'im のように h を省略して発声されることが多いので, 一応知っておく必要があります。

CD **take them to Tokyo**(東京へ彼らを連れていく)
　　テエケ エム　タアトーキョー

CD **put them out**(それらを外に出す)
　　プッ テエム　アワ

CD **give it to her**(それを彼女にやる)
　　ギブ　イッタアー

CD **lent him money**(彼にお金を貸した)
　　レンテ(リ) イム　マァニイー

CD **bring her over there**(彼女を向こうへ連れていく)
　　ブリナ ア　オヴァ　ゼアー

☆ヒアリング・リスニング・上達の法則7 ☆

文末（語尾）のp，t，k，b，dの音は消える

　英語はイッキ，文頭から文末まで一息ですから，これまで何度も述べてきたように，吐気音をさまたげる音の前後にいろいろと法則ができることになります。

　吐気音を妨げるp，t，k，b，dが文末のときには，これらの音が無音に近くなります。音読するときはp，t，k，b，dの音は読まないで意味がとれるように，まさかのリスニングのときに対処しておけば問題はありません。

　　　　　フー　　　　ヘエアズ　　ダアニイッ
ⒸⒹ Who ♪ has done ♪ it ↘ ?
　　（誰がそれをしたんですか）

〔西村式〕　done it でtがきこえないため，〔ダアニイッ〕と聞こえます。

　　　　　　イッ　テエイスツ　　　　グッ
ⒸⒹ Oh ♪ it tastes ♪ good. ↘
　　（ワーッおいしい）

〔西村式〕　good の文末のdの音が聞きづらいので，〔グッ〕だけしか聞こえないことがしばしばです。

　　　　　グッ　　　ラァッ
ⓒⅮ Good ♪ luck. ↘
　　（幸運を）

〔西村式〕　luck の k は，肯定文の文末では有声音として k の発音は吐く息の音ですが，聞きづらい音なので注意しましょう。

　　　　　　　　　　　ドランキッ　　　　　　エアッ
ⓒⅮ I've already ♪ drunk ♪ it ♪ up. ↘
　　（それをもう飲みほしたよ）

〔西村式〕　**drunk it** は，連音で〔ドランキイル〕となります。これは it の〔t＋母音〕で〔イル〕となるためなんです。up の p が文末ですから，とても聞きづらい音になり，〔エアッ〕しか聞こえないことがしばしばです。

　このように語尾と文末が p，t，k，b，d のとき，特にイッキでたたみかけてくる英語では，無音または消音傾向になり，日本人にとっては，ちゃんと発音されている場合でも聞きづらい音の1つですから，よく口慣らししておいてください。

☆ヒアリング・リスニング・上達の法則8 ☆

〔tr＋母音〕は「チ」と発音されることが多い

英語は文頭から文末までイッキに腹式発声法でたたみかけます。

ですから〔tr＋母音〕のとき，下記の音に聴こえます。

tra〔チュラ〕, tri〔チュリ〕, tre〔チュレ〕, tru〔チュルゥ〕, tro〔チュロ〕—

　　　　ウオナ　　ア　　テエイカ　　ア チュリッ
CD I want ♪ to ♪ take ♪ a trip. ↘

（僕は旅行したいんだ）

〔西村式〕　**want to** は〔ウオナア〕。**trip** は〔チュリッ〕。

文末のpの音は，『法則7』により無音に近くなりますから，make a trip は，〔メェィカァチュリッ〕のように聞こえます。

下記の〔tr＋母音〕の単語も参考にしてください。

チュルゥー
☐ **true**　本当の
チェラベリイン
☐ **traveling**　旅行
チュラアッ
☐ **trap**　わな
エキチュラ
☐ **extra**　余分な
チュリー
☐ **tree**　木
チウリートメン
☐ **treatment**　取扱い，待遇

☆ヒアリング・リスニング・上達の法則 9 ☆

〔子音 + t〕のとき,t は無音になることがある

often(よく)という単語の例がわかりやすいでしょう。
often の f は吐気音で,t は有声音です。
英語ではイッキにたたみかけ,吐気音の上に有声音を出します。

<u>吐気音の f と有声音の t を同時に発声するときには,有声音の t は,ハアーッという吐気音の大きな障害となりますので,とくに米語では t を省いて発音します。</u>

この他に,

- ⓒⅮ **castle** (城)
- ⓒⅮ **hustle** (ハッスルする)
- ⓒⅮ **interesting** (興味のある)

などの単語でも,<u>スピードのついたイッキ英語では t は聞こえないこともある</u>ので,この形にも慣れておきたいものです。

でも『法則 9』があてはまるのは,どちらかと言えばまれです。

☆ヒアリング・リスニング・上達の法則10☆

of〔オブ,オフ〕がさらに早くなると ofは〔ア〕と発音されることがある

英語は,文頭から文末まではイッキ発声ですね。
最後になればなるほど吐く息の容量が大きくなってきます。

そうなると<u>語尾がp, t, k, b, d＋子音の場合に限らず,fやvなど口唇を閉じる音もイッキ英語のジャマになる音になります。</u>

こういうわけですから,本来,ofは〔オブ〕または〔オフ〕というのが正しい発声ですが,<u>連音を妨げる音の前のofは〔ア〕としか聞こえない場合が多くなります。</u>
参考にしておいてください。

ロッラア
CD **a lot of people** （多くの人々）

カアインダア
CD **a kind of〜** （種類の）

ペエアラア
CD **a pair of gloves** （1対の手袋）

インステッ ダア イム
CD **instead of him** （彼のかわりに）

第4日目 (CD-4)

ヒアリング・リスニング 上達練習帳

ヒアリング・リスニングに強くなる「口慣らし特選CDフレーズ」

口ずさむだけで応用が効く練習フレーズです。
英語ネイティブがよく使うフレーズ，きわめてよく耳にするフレーズを集めています。
単語やフレーズの上にカタカナで「こう聴こえる」という音を表記しました。カタカナはあくまで音のフィーリングをつかむための参考にして，ネイティブ吹き込みのCDをくり返し聴いてくださいね。聴けば聴くほど，あなたの英語耳は，成長していきますから，頑張ってください。

英語ネイティブの前ではちゃんとした発音・発声をこころがけてくださいね。
「西村式法則」も「西村式口慣らし」も，あくまで英語ネイティブの会話などを聴き取るためのものですから（＾＾）

☆練習1☆
[t＋母音] のパターンを口慣らしする

プリイリイー
□ pretty （かわいい）

ポラリー
□ pottery （陶器類）

パーリイ
□ party （パーティ）

カッラー
□ cutter （切るもの，カッター）

バッレリィ
□ battery （バッテリー，電池）

チュリー
□ tree （木）

リル
□ little （小さい）

リラァー
□ litre （リッター）

- □ put it on〜 (それを〜の上に置く)
  _{プリ ッ ロン}

- □ matter (問題, 事情, 事態)
  _{マーラァ}

- □ check it up (調べる)
  _{チェキッルエァッ}

- □ get away (逃げる)
  _{ゲッル ア ウエイ}

- □ batting (バッティング)
  _{バッリイン}

- □ battle (戦闘)
  _{バルル}

- □ bottom (底)
  _{バァラアム}

- □ bottle (びん)
  _{バアラル}

- □ capital (首都・資本)
  _{キャピィラアル}

- □ settle〔down〕 (落ちつく)
  _{セルル}

- shorter (より短い)
  <small>ショーラアー</small>

- get on〜 (〜に乗る)
  <small>ゲッル オン</small>

- get off〜 (〜を降りる)
  <small>ゲェル アフ</small>

- get into〜 (〜に入る)
  <small>ゲッリ インタア</small>

- portable (持ち運びのできる)
  <small>ポォーラアブル</small>

- a part of〜 (〜の一部)
  <small>パアラ ア</small>

- hit and run (ヒットエンドラン)
  <small>ヒッルエン ラアン</small>

☆練習2 ☆
〔t＋子音〕のパターンを口ずさむ

- □ what part of〜 （〜のどのあたり）
  ワッ パラ ア

- □ not for〜 （〜のためではない）
  ナッ フォ

- □ sit down （座る）
  シッ ダウン

- □ meet Mr. Okada （岡田氏に会う）
  ミー ミスター

- □ shut the door （ドアを閉める）
  シャッ ザ ドオアー

- □ foot work （フットワーク）
  フッ ワーク

- □ hot coffee （熱いコーヒー）
  ハッ カアフイー

- □ quite a short time （ほんのつかの間）
  クワイタァ ショー タイム

- jet plane （ジエット機）
  <ruby>ジェッ プレエイン</ruby>

- suitcase （スーツケース）
  <ruby>スゥーケエイス</ruby>

- statement （声明）
  <ruby>ステェイメン</ruby>

- hate them （彼らを嫌う）
  <ruby>ヘエイ エム</ruby>

- what time （何時）
  <ruby>ワッ タイム</ruby>

- can't do it （それをすることができない）
  <ruby>キェアン ドゥ イツ</ruby>

- castle （城）
  <ruby>キャスル</ruby>

- might not〜 （〜でないかも知れない）
  <ruby>マァイ ナッ</ruby>

- cute girl （かわいい女の子）
  <ruby>キュー ガール</ruby>

- cut down the price （値切る）
  <ruby>カッ ダァウン</ruby>

- <ruby>eat out<rt>イーッ タァ</rt></ruby> （食べ尽す）

- <ruby>get back<rt>ゲッ ベエアッ</rt></ruby> （帰る）

- <ruby>taste good<rt>テェイス グッ</rt></ruby> （美味しい）

- <ruby>little bit<rt>リル ビッ</rt></ruby> （ほんの少しの）

- <ruby>gentlemen<rt>ジェンルメェン</rt></ruby> （紳士）

- <ruby>pick it up<rt>ピッキ イル エアップ</rt></ruby> （それを摘む）

- <ruby>certainly<rt>サァールウンリィ</rt></ruby> （確かに）

- <ruby>pardon<rt>パァールン</rt></ruby> （もういちど）
  ——dの音も，舌の位置がtと同じなのでlと聞こえることがある

- <ruby>better<rt>ベェラー</rt></ruby> （よりよい）

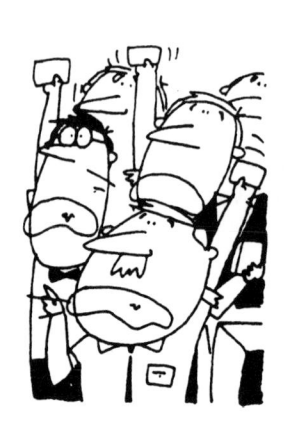

- □ quantity （量）
  クゥアンリィリィ

- □ butter （バター）
  バラー

- □ cutter （カッター）
  カッラー

☆練習3☆
語尾または文末が〔p, k, t, d＋子音〕のパターンを口ずさむ

- □ pop corn （ポップコーン）
  _{パッ コーン}

- □ hope so （そう思う）
  _{ホォーッ ソオ}

- □ look down （下を見る）
  _{ルッ ダァウン}

- □ strike down （打ちのめす）
  _{ストラアイ デェアウン}

- □ used to （よく〜したものだ）
  _{ユース タァ}

- □ missed him （彼を見逃がした）
  _{ミス イム}

- □ background （背景）
  _{バェアッグラウン}

- □ hold back （抑止する）
  _{ホール ベェアッ}

- make them go there　（彼らにそこへ行かせる）
  メエイク　エム

- comb honey　（固型ハチミツ）
  コウム　ハアニー

☆練習4☆

[m, n (g) + t] のとき, t は無音の
パターンを口ずさむ

- want to〜 (〜したい)
  ※ ウォナ ア

- be going to〜 (〜するつもりである)
  ※ ゴナア (ゴーインナア)

- can't go there (そこへ行けない)
  ※ キェアン

- mental disease (心理的な病気)
  ※ メンナル ディジイーズ

- fundamental (基礎的な, 基本的な)
  ※ ファンダメンナァル

- department store (デパート, 百貨店)
  ※ デイパーメエン ストオア

- account book (帳簿)
  ※ アカウン ブック

- mantle (マント)
  ※ メェアンル

> ☆練習5☆
>
> 聞きづらい語尾または文末が p, t, k, b, d の音を聴き取る『法則3・6』

- It's very <u>hot</u>.　（とても暑い）
  ※ハァッ

- That's too <u>bad</u>.　（それはいけませんね）
  ※ベェアッ

- I can't <u>understand it</u>.　（私はそれが理解できない）
  ※アンタスティアン

- Please <u>take it out</u>.　（どうぞそれを取ってください）
  ※テイキ イッ タウト

- Is he a <u>good cook</u>?　（彼は，料理が上手ですか）
  ※グッ クッ

- Please <u>look it up</u>.　（それを調べてよ）
  ※ルッキッレェアッ

☆実力チェック☆

頻出100句を口ずさみましょう！
「どの法則にあてはまるか！
ズバリ言えればレベルは中級以上！」

　これから100の発音例を出します。
　それぞれの例が，『西村式ヒアリング・リスニング10の法則』の何番にあてはまるかがわかりますか？　わからないときは，必ずバックしてもう一度法則を見直してください。そうでないと私の例文の範囲だけのリスニングしかできないことになります。

　本書以外の発声表現に出くわしても，これらの法則の応用ができるようになればホイホイ聴けるはずなのです。そうなってもらえなければ，私の法則も無意味になります。

　ですから次の100選語句を口ずさみながら，これまでやってきた法則が自分の身についているかを確認するようにしてください。
　それでは，始めましょう！

[1] stand up
　　スタンデェアッ(プ)

[2] get up
　　ゲェル エアッ(プ)

[3] make up
　　メェイキエアッ

[4] look at〜
　　ルッケ アッ

[5] shut up
　　シャラエアッ(プ)

[6] go out
　　ゴォゥ ラウ

[7] drop-out
　　ドロッパアウ
　　He's a drop-out student.
　　(彼は落ちこぼれの生徒だ)

[8] drop in〜
　　ドラッピイン

[9] get into
　　ゲリン タァ

[10] hold it
 ホール テッ

[11] tied up
 タァイデアッー

[12] shake hands
 シェイク ヘェアンズ

[13] try it
 チェラ アイッ

[14] have an appointment
 ヘェアップァナァポインメン

[15] take it
 テェイキッ

[16] eat out
 イーラ アゥ

[17] I will
 アイ オゥ

[18] See you later.
 レェイラー

[19] have got = have（持つ）
 ヘェアブ カッ

[20] tell her (him, them)
　　　テル　アー　　イム　　エム

[21] listen to music
　　　リスン　タァ

[22] belong to
　　　ビロン　タァ

[23] have an appetite （食欲）
　　　ヘァブ　アナ　　アピイタイ

[24] go off
　　　ゴォウ　アフ

[25] come out
　　　クム　アウ

[26] let out
　　　レッラ　アウ

[27] leave behind
　　　リーブ　ビイハアイン

[28] turn right
　　　トゥーン　ラァイ

[29] tie up
　　　タイエアッ

[30] knock at
_{ナッカット}

[31] be quiet
_{ビイー クワイエッ}

[32] a lot of
_{ア ロッラ ア}

[33] Take it easy. （のんびりやれ）
_{テェイキッ イージィ}

[34] I've done it. （それをやったよ）
_{アイブ ダーニイッ}

[35] fill up (gas) （ガソリンを満たす）
_{フィレアッ ギャス}

[36] Check it up. （それを調べなさい）
_{チェッ キッル エアッ}

[37] On and on. （どんどん続けて）
_{オン ネン オン}

[38] cook it
_{クッキッ}

[39] That's right.
_{ザッ ツ ラアイ}

〔40〕 stop it
　　　スタッ ピッ

〔41〕 What for ?　（何のためだ？）
　　　ワーッ フォ

〔42〕 make them
　　　メェイケェム

〔43〕 keep it
　　　キッピッ

〔44〕 remember of that　（そのことを思い出す）
　　　リメンバー ア ザッ

〔45〕 He might do it.　（彼はそれをするかも）
　　　ヒィー マァイ ドゥイッ

〔46〕 Don't talk big so much.　（あまりホラをふくなよ）
　　　ドォン トォーク ビッ ソウマッチ

〔47〕 No, no trouble at all.　（どういたしまして）
　　　チラブル アッ オール

〔48〕 put milk in this coffee
　　　プッ ミルキ イン

〔49〕 look behind
　　　ルッ ビイハァイン

〔50〕 attend the meeting （会議に出席する）
　　　アテン　ザ　ミイーリィン

〔51〕 little darling （いとしの君よ）
　　　リル　ダァーリン

〔52〕 let it be （あるがままにする）
　　　レッ リィル ビ

〔53〕 laugh at her
　　　レェアフ アル アー

〔54〕 Don't be afraid. （こわがらないで）
　　　ドン　ビィ アフレェイ

〔55〕 What is it?
　　　ワッ リイズ イッ

〔56〕 fix it （それを決める）
　　　フィキス イッ

〔57〕 what kind of （どんな種類の）
　　　ワッ　カァインダ ア

〔58〕 what part of～ （～のどのあたりへ）
　　　ワッ　パーラア

〔59〕 take it all right （大丈夫だと思う）
　　　テェキッ　オーラァイ

85

〔60〕 Don't～
       ドン

〔61〕 Doesn't it～ ?
       ダズンニッ

〔62〕 like it
       ライキッ

〔63〕 need to～　（～する必要がある）
       ニッダ ア

〔64〕 pick you up　（車についでに乗せる）
       ピッキ ユー エアッ

〔65〕 a cup of (coffee)
       ア カッパ ア

〔66〕 ～, isn't it ?
        イズ ニッ

〔67〕 ～, won't it ?　（～するでしょう）
        ウオン ニッ

〔68〕 ～, wouldn't it ?　（～したんでしょう）
        ウドゥ ニッ

〔69〕 ～, wasn't it ?　（～だったんですね）
        ウァズ ニッ

〔70〕 write down
<small>ライ　ダウ</small>

〔71〕 with them
<small>ウイザ　ム</small>

〔72〕 with him
<small>ウィズ　イム</small>

〔73〕 Be quiet. （静かに）
<small>ビッ クワイエッ</small>

〔74〕 put back （戻す）
<small>プッ　ベェアッ</small>

〔75〕 go right ahead （先に行く）
<small>ゴォウ ラアイラァ ヘッ</small>

〔76〕 Cut it up. （それを切って）
<small>カリツ レエアッ</small>

〔77〕 That'll be〜 （それは〜になるでしょう）
<small>ザル　ビィ</small>

〔78〕 hate it （それを毛嫌いする）
<small>ヘエイリッ</small>

〔79〕 bring me coffee
<small>ブリン　ミー</small>

〔80〕 Cheer up. （元気出して）
       チェア レェアッ

〔81〕 Bottom up ! （乾杯！）
       バタム エアッ

〔82〕 up-side-down （ひっくり返して）
       アッサイダウン

〔83〕 be right at home （気楽にする）
       ビイ ラアイラ アル ホォーウム

〔84〕 I've forgotten it. （忘れていたよ）
       アイブ フォガルンニッ

〔85〕 turn on the light （灯をつけて）
       ターノオン ザ ラアイト

〔86〕 go straight up （ずっとまっすぐ行く）
       ゴァウ ストレェイ エアッ

〔87〕 out of print （絶版）
       アウラ ア プリン

〔88〕 take him to Tokyo （彼を東京に連れて行く）
       テェイキ イム タァ トーキョー

〔89〕 according to (the radio) （ラジオによると）
       アコーディン タ

〔90〕 Let us know〜　(〜を私達に知らせてよ)
レッラ アス ノォウ

〔91〕 Lift it up.　(それを持ち上げてよ)
リフ テイル エアッ

〔92〕 No, not yet.　(いいえ，まだよ)
ノオ ナッチェッ

〔93〕 Cool down.　(落ちついて)
クール デェアウン

〔94〕 Turn out the light.　(灯を消して)
ターナアウ ザ ラァイ

〔95〕 spend a lot of money　(たくさんのお金を費す)
スペンダ ア ロッラ ア

〔96〕 get better　(回復する)
ゲッ ベラー

〔97〕 instead of〜　(〜のかわりに)
インステッダァ

〔98〕 This train is bound for Tokyo.
チュレェインズ バアウンズ フォー
(この列車は東京行です)

〔99〕 find it soon （すぐにそれがわかる）
   ファイデ イル スゥーン

〔100〕 kept you waiting （貴方を待たせたままに）
   ケルプ チュ　ウェイン

第5日目 （CD-5）

よく耳にする8つの〔動詞＋前置詞・副詞〕の連音リスニング練習帳

ネイティブの日常会話によく出てくる動詞，put, make, let, get……などに in, out, on……などの前置詞や副詞を含むパターンを口ずさめば，さらにヒアリングやリスニングが上達します。

あなたの自信がいっそう強まりますよ（＾o＾）

ⓒⓓ 1　Put にからむ練習

〔1〕 Please put sugar in.
　　　（砂糖を入れて）
　　　　　　　プッ

　　　——t を省いてイッキに発声します。

〔2〕 Please put it out.
　　　（それを外に出してください）
　　　　　　　プリッラ　アウ

〔3〕 Please put it on the desk.
　　　（それを机の上に置いてください）
　　　　　　　プッリィル　オン　ザ　デス

〔4〕 Please put off your coat.
　　　（コートを脱いでください）
　　　　　　　プルアフ　ユア　コー

〔5〕 The game'll be put off until next Sunday.
　　　（そのゲームは次の日曜日に延期されるだろう）
　　　　　ウル ビイ　プッ　アフ　アンティル　ネキス
　　　　　　　　　　　サンデーイ

〔6〕 Will you put out the light ?
　　　　　　ウル　ユ　プッ　アウ　ザ　ラァイ
　　（灯を消すのですか）

〔7〕 Let's put them together.
　　　　　　　　プッ　エム　トゥギャザー
　　（それらを集めよう）

〔8〕 I've put on weight a little bit.
　　　アイブ　プッルオン　ウェイ　ア　リルビッ
　　（体重が少し増えたわ）

〔9〕 Will you put it down until I say "Yes" to you ?
　　　　　　　　　プリッ　デァウン
　　（君に"よし"と言うまでそれをふせていただけますか）

2 Make にからむ練習

〔1〕 Please make yourself at home.
　　　　　メェイク　ユアセルフ　アッ　ホーム
　　　（どうぞくつろいでください）

　　　——at home は『法則2』により t は無音。

〔2〕 I think no one can make him touch it.
　　　アイ　シイン　　　　　キェアン　メェイ キ イム　タッチ　イッ
　　　（誰もが彼にそれを触れさせることができないと思うよ）

　　　——make him で him が〔イム〕と発音されると〔メェイクイム〕となります。

〔3〕 I make it a rule to get up early in the morning every day.
　　　　メェイキッタァ　ルール　タァ　ゲェルエアッ　アーリィ
　　　（僕は毎日朝早く起きることにしている）

　　　——make it でイッキ英語では〔メェイキッ〕となります。
　　　これは t ＋子音『法則2』でこうなります。

〔4〕 What makes difference between this
　　　ワッ　　メェイクス　　ディフレンス　　　ビルイン　　デイス

　　 and that?
　　　エン　ザッ
　　（それとあれとはどうちがうんですか）

　　――between は t が l に近い音になりますから〔ビルイン〕となります。
　　and that で〔エンザッ〕と聞こえます。d の次が子音ですから d が無音に近く、そして that の t が『法則7』により〔ザッ〕としか聞こえないからなんです。

〔5〕 What is it made of?
　　　ワッ　イズ　イッ　メェイダ　ア
　　（それは何でできていますか）

　　――made of の of は〔アブ〕の〔ブ〕の音が消えやすいので注意しましょう。

〔6〕 I don't like to make it public.
　　　ドン　　ライク タァ メェイキッ　　パブリック
　　（それをおおっぴらにしたくないんだ）

　　――like to で〔ライクタァ〕、make it public は〔メェイキッパブリッ〕とイッキ英語では、とても聞きづらいこともあります。
　　特に後尾が p, t, k, b, d の音は『法則9』により無音に近くなりますから。

[7] Don't make believe you're honest.
　　　ドン　メェイ　ビリーブ　ユール　アネスト
（正直なようなふりをするナ）

　　——Don't は〔ドォウン〕と to が聞こえないのでイッキ英語ではスピードが加わると make も〔メェイ〕としか聞こえないことがあります。

[8] You can make it to the train.
　　　　　　メェイキッタ　ア　ザ　トレェイン
（電車に間に合うよ）

　　——make it to でイッキに言えば〔メェイキッタ〕, 目切った, なんて聞こえます。

[9] Wait a moment. I'll make out the check.
　　　　　　　　　　　　　メェイ　カウ
（ちょっと待って, 小切手を書くよ）

　　——make out で〔メェイカウ〕に聞こえます。t の次が『法則9』により無音になるからなんです。

3 Goにからむ練習

〔1〕 Please, go on talking.
　　　　　　ゴォノオン
（どうぞ話を続けてください）

　　——go on と続けて言うだけで，初心者の方なら"えっ？"となります。

〔2〕 You'd better not go against him.
　　　ユード　ベラー　ナッ　ゴー　アゲェインス　イム
（彼に逆らわない方がいいよ）

　　——'d better の better は〔t＋母音〕の法則で〔ベラー〕となりますが，against の t も『法則7』により無音になり，〔アゲェインス〕しか聞こえないこともあるので注意してくださいね。

〔3〕 I want to go around Kyoto.
　　　　ウォナ　ァ　ゴオアラウンド
（京都めぐりをしたい）

　　——go around は語尾のdが聞こえないことがありますが，ここでは want to が『法則4』により〔ウォナァ〕となります。

4 Let にからむ練習

〔1〕 Let me see that.
　　　レッ　ミィ　シィ　ザッ
　　（それ見せてよ）

　　——let の t は〔t＋子音〕『法則2』により，無音になりますから，let me see〜で，〔レッミィシィ〕に聞こえます。
　　that の文末の t は『法則7』により無音に近くなるのでほとんど聞こえません。

〔2〕 Let him go there.
　　　レッリ　イム
　　（彼をそこに行かせよう）

　　let の t は〔子音＋t〕の法則によって無音に近くなりますから let him go で〔レッリ イム ゴー〕と，慣れないと，とても聞きずらくなります。

[3] Let's fly a kite, shall we?
(タコを飛ばそうよ)

Yes, let's. Let it up in the sky.

——Let's のtが発音されないのも『法則2』により〔t＋子音〕の原則からなんです。let it up in でtがすべて『法則1』〔t＋母音〕の法則をうけて,〔レェリッレェアッピン〕とイッキです。

[4] Please let him in.
(彼をお通ししてください)

——これも let him in で him＝im〔イム〕とやると『法則1』により〔レッリイムイン〕となり, 慣れていないと, とても聞きづらい音になります。

5 Come にからむ練習

[1] Who's coming after he comes?
　　　フーズ　カミンナ　アフタ　イカム
（誰が彼のあとから来るの）

——come は ing がつくと次の音が母音ですから〔カミインナ〕に近い音で発声しますから慣れないと聞きづらい音になります。

[2] Oh, he's coming here across the crossing.
　　　　　カミイン　ヒィアラクロス　ザ　クロッシイン
（ああ，彼が踏切を渡ってこっちへ来るわ）

——coming here across で〔カミイン ヒィアラ クロス〕とイッキです。スピードの速い会話では coming は〔クミイン〕と聞こえることがあります。

〔3〕 This is the Kobe Port where many boats come and go everyday.
（ボーツ　カム　エン　ゴー）
（ここが毎日多くの船が出入りする神戸港です）

——port は t が〔t＋子音〕の法則により無音になり，〔ポォー〕と聞こえます。でも米国人といえどもちゃんと t は発声しているんですが，聞こえないのは吐気音だけの音だからなんです。
come and go は"出入する"という意味なんですが，come and で〔クムエン〕と聞こえることがしばしばあります。

6 Turn にからむ練習

〔1〕 Please turn on the T.V.
　　　　　　　　ターノォン
（テレビをつけてください）

　　——turn の n と次の on とが，イッキで言えば〔ターノォン〕となります。

〔2〕 Will you please turn off the light ?
　　　　　　　　　　ターノアフ　　　ラアイ
（灯を消してくださいますか）

　　——turn off で一息で言えば〔ターノアフ〕。連音に慣れておいてください。

〔3〕 Don't turn away your face, when I take
　　　ドン　　ターナァウェイ
a picture.
（写真を撮るとき，顔をそむけちゃ駄目だよ）

　　——これも turn away でイッキに連音で〔ターナァウェイ〕。

〔4〕 Oh, a lot of fish has turned up on the water.

ア ロッテア フイシュ ヘエアズ　ターンダェアッ　オン

ザ　ウォラー

（うわ〜，多くの魚が水面に浮んで来た）

——a lot of は〔t＋母音〕の法則により t は l になりますから，〔アロッラア〕となります。
turned up はイッキ英語では，〔タァーンダェアッ〕と聞こえます。up の p が聞きづらいので注意しましょう。
water とちゃんと発音してくれるといいのですが，〔t＋母音〕の法則により t は l になり，〔ウォラー〕となります。

7 Giveにからむ練習

[1] Please give my best regards to him.
　　　　ギブ　マイ　ベース　リガーズ　　タァ　イム
（どうぞ，彼によろしくお伝えくださいね）

　　——bestはtが〔t+子音〕の『法則2』により無音になりますから〔ベート〕に聞こえます。
　to him は to が〔タ〕にしか聞こえないことがあります。songの世界は特にそうです。

[2] I'll give it to you.
　　　　　キビ　イットゥ　ユー
（それをあなたにあげるわ）

　　——give it は it が〔t+子音〕ですから無音になり，〔キビイッ〕としか聞こえないことが多々あります。

[3] Will you please give me the seat?
　　　　　　　　　　　ギィ　ミイー
（席を譲ってくれますか）

　　——give me は米国では〔gimi ギィミイー〕と発音します。でも英国では，こんな発音はまちがってもやりません。give は〔giv〕とちゃんと発声します。

8 Get にからむ練習

[1] Please get me this one.
　　　　ゲッ　ミイ
（私にこれをください）
（= Please buy me this one.）

　　——get me は t が〔t + 子音〕『法則 2』により〔ゲッミィ〕となります。
　　t のところでブレーキのかかる音が気になります。

[2] He can't get out of smoking a cigarrette.
　　　キェアン　ゲッラ　ァラァ
（彼は，禁煙できないよ）

　　——スピードの速い会話では get out of で t + 母音『法則 1』により〔ゲッラァラァ〕と聞こえることがしばしばあります。
　　smorking a で〔スモーキンナァ〕とイッキです。連音ですね。

[3] He got them to help her when she was
　　　ガッ　テム　タァ　ヘル　アー
almost drowned in the river.
オールモス　ドラアウンデ　イン
（彼は，彼女が溺れそうになっていたとき，彼らに助けさせた）

105

――got them to で〔ガゥテムタァ〕となり，次の help の p は子音が重なるので p が聞きずらくなります。〔ヘル〕のように聞こえることがあります（『法則 7』より）。almost の t も無音状態ですから，〔オールモス〕に聞こえます。

〔4〕 How are you getting along with your girlfriend?
　　　　　　ゲッリィンナ　アロン　　ウイジュア
（彼女とどうやって暮していますか）

――get along は〔ゲェッラロン〕。with your も一息で〔ウィジュア〕。friend の d がちゃんと聞こえるとシメたものです。

〔5〕 I'm sorry I can't get in touch with him.
　　　　　　　　キェアン　ゲッリイン　タッチ　ウィズ　イム
（すみません，彼とは連絡がとれないんです）

〔6〕 It's getting colder and colder.
　　イッツ　ゲリィン　　コールダアエン　コールダー
（だんだん寒くなってきた）

〔7〕 He has already got it.
　　ヘェアズ オールレーディ ガッリイッ
（彼はもうそれを持っているよ）

――got it も〔ガッリイッ〕。つまり t が l になるだけです。

⑨ Leave にからむ練習

〔1〕 I can't leave it for you.
　　　キェアン　リービッ　フォーユー
　　（それを君に任せないよ）

　　　——leave it はイッキ英語では〔リービッ〕と聞こえます。

〔2〕 My heart is left in San Francisco.
　　　マイ　ハァーリ　イズ　レッテイン
　　（サンフランシスコのことで胸が一杯だわ）

　　　——my heart is で〔マイ ハァー リイズ〕とイッキの連音。

〔3〕 I've left it at home.
　　　レェフ ティルエアッ　ホーム
　　（それを家に忘れてきたよ）
　　　——left の t は l に近くなります（法則1）。at home の t は
　　無音（法則2）に近くなるので，left it at home でイッキ
　　に言えば，〔レェフティルエアッ　ホーム〕と聞こえます。

〔4〕 Don't let go of it.
　　　　　　　ゴォ ア イッ
　　（それを離してはいけませんよ）
　　　——go of it はイッキ英語では〔ゴォアイッ〕と聞こえま
　　す。

107

10　英文になおしてください。

〔1〕　カリラッ

〔2〕　ビイラァィアッホウム

〔3〕　ドンフォゲッ

〔4〕　イーデェアウン

〔5〕　プリロン

〔6〕　アリルビッ

〔7〕　キィーピッ

〔8〕　ナッルアルオール

〔9〕　ブリンミィーバアラアー

〔10〕　ゴースチュレェイエアッ

〔11〕　ビロンタァスムクラー（ブ）

〔12〕　リィービッフォーミィー

〔13〕　イズニッ

〔14〕　ドンチュ

〔15〕　ダズンイッ

〔16〕　キエアンヘアブアナアポインメン

〔17〕　テエキッオーラアイ

〔1〕 cut it up (それを切断する)

〔2〕 be right at home (気楽にする)

〔3〕 Don't forget it. (忘れるな)

〔4〕 eat down (食べ尽す)

〔5〕 put it on (それを上に置く)

〔6〕 a little bit (ほんの少し)

〔7〕 keep it (それを受け取って)

〔8〕 not at all (どう致しまして, ちっとも〜でない)

〔9〕 bring me butter (バターをもってくる)

〔10〕 go straight up (まっすぐ行く)

〔11〕 belong to some club (クラブに入る)

〔12〕 leave it for me (私にそれを任せて)

〔13〕 isn't it ? (ですね)

〔14〕 don't you ? (しますね)

〔15〕 doesn't it ? (〜しますね)

〔16〕 can't have an appointment (約束ができない)

〔17〕 take it all right (大丈夫と思う)

第6日目 CD-6

ヒアリング
リスニング
集中レッスン！

全文，CD 収録
これだけ聴ければ中級レベル以上！

〔1〕 スタッピイッ　　プーラエァッ　クライミイン
Stop it. I'm poor at climbing such a high place.
（やめてよ，そんなに高い所に登るのは駄目なんだ）

〔西村式〕 **stop it**〔ピイッ〕のpは次の母音iをイッキに発声しますから，とてもカン高い音で発声されます。
　でもitのtは，『法則7』により無音に近くなるので，〔スタッピー〕と聞こえます。

　poor atのtは，次の音がclimbingと子音になるので〔t+子音〕，『法則2』によりtはほとんど無音に近くなり，ブレーキがかかったように聞こえます。ですからatは〔アト〕と発音するんですが，〔アッ〕としか聞こえないことがしばしばあります。

　climbing such〜は，ハアーッという文頭から文末まで，出す息に逆らう音はないので，リスニングの障害もありません。

☆法則2☆
〔t+子音〕のとき，tは無音になることが多い

〔2〕 Please hold it straight.
　　　　　　ホゥルデッ　ストレェイッ
　　　（それをまっすぐ持っていてください）

〔西村式〕 **hold it** のdは次が母音なので〔**ホゥルデッ**〕とイッキです。itのtは〔t+子音〕となるのでtが無音に近くなります。

　でもくり返しになりますがいかなる場合も，これまで述べてきた法則は，米国英語に主に使われるスピードの速い日常会話にあてはまることであって，我々日本人が話すときには，ちゃんとした発音でやってくださいね。

☆法則2☆
〔t+子音〕のとき，tは無音になることが多い

〔3〕 That reminds me that I haven't gotten
him a letter yet.
　　　　　ザッ　　　ヘェアブン　　ガッ
　　　　　イム　ア　レラー　イエッ

(それで思い出したんだけど，まだ彼から手紙を受けとっていないわ)

〔西村式〕　that は〔t＋子音〕『法則2』により無音になります。
　reminds も語尾が〔p, k, b, d＋子音〕『法則3』によりdは無音ですから〔**リマインズ**〕になります。

　have gotten で have が〔すでに加わっている〕という意味に gotten〔相手から〜を向けられた〕という2つの動作が1つになって「(相手から)向けられたものがすでに加わっている」=「所持している」= have という意味になります。haven't gotten の t は〔t＋子音〕『法則2』ですから無音になります。

　him は『法則6』により〔**イム**〕になり，letter の t も〔t＋母音〕『法則1』により l に近い音になります。

　yet の t は，文末の t の『法則7』により無音になります。これだけ法則がらみですと，相当英語をやっている人でも「エッ？」となりますね。

☆法則7☆
p, t, k, b, d の文末(語尾)の音は消える

〔4〕 Please take it easy.
テェイキッ イージィ
（気楽にしてください）

〔**西村式**〕 it の t は〔t＋母音〕の法則により l に近い音になります。

take の本来の意味は「体の一部を使って自分に加える」という意味ですから，take it easy で「それを気楽に受けとめてください」という意味になります。

take it easy で〔テェィ キッ イージィ〕となります。

☆法則 1 ☆
t の次が母音（ʌ, ə, æ, a, e, o, u）のとき，
t の音は米語では l に近い音になる

〔5〕 He was born and grown up in Tokyo.
　　　　　　ボーネン　　グラウンナェアッピイン
（彼は東京生れ，東京育ちである）

〔西村式〕　born and は〔ボーネン〕とイッキです。and は語尾が d ですから，『法則7』により無音になります。

　grown up も〔グラウンナェアップ〕とイッキです。

☆法則7☆
p, t, k, b, d の文末（語尾）の音は消える

　　　　　ヒイー　ウェン　ノオン　ファイリイン　アウエバアー
〔6〕 He went on fighting however
　　　イード　ビーン　タァイヤー
he'd been tired.
（彼は疲れていたけれども戦い続けた）

〔**西村式**〕　went on で〔n＋t〕の『法則4』で述べましたように，tは無音に近くなります。

fighting も〔t＋母音〕『法則1』の影響を受け，tはlに近い音で発声されますから〔**ファイリイン**〕となります。

he'd been tired まではイッキです。tired の d は，文末ですから，『法則7』の影響を受けてとても聞きづらい音になります。

however は h の音がイッキでしかもスピードをつけて言われると，〔**アウエバアー**〕と聞こえることもあります。

☆法則4☆
〔m，n(g)＋t〕のとき，tは無音状態になる

〔7〕 Please get under an umbrella.
　　　　　　ゲッラァンダアー　　アンブレラー
（どうぞ傘に入ってください）

〔**西村式**〕　get under an も t が『法則1』の影響を受けて l に近い音になりますから，〔**ゲッラァンダアー**〕となります。

　本書では〔t＋母音〕の形だけは，スピーチや演説，ディスカッション，ニュースに至るまで，10人中8人までがこの形をとっています。特に米国人に限られますが，この意味で特に用例を多くしています。

>　☆**法則1**☆
> 　t の次が母音（ʌ, ə, æ, a, e, o, u）のとき，
> 　t の音は米語では l に近い音になる

[8] That's OK. Leave it for me.
リブ　イッ フォ　ミィ
（それはいいですよ。それは僕に任せて）

〔西村式〕 leave it for は，it が〔t＋子音〕ですから『法則2』により無音に近い形で発声しますから聞きづらい音になります。

　tでブレーキがかかったようになります。

> ☆**法則2**☆
> 　〔t＋子音〕のとき，tは無音になることが多い

〔9〕 My schedule has tied up through this week.
　　　　　　　　ヘェアズタィデェアップ
（私のスケジュールは，今週ずっと詰まっているんだ）

〔**西村式**〕 **tied up** は連音（ブレンディング＝blending）で〔**タイデェアップ**〕となります。
　up の p の音が無音状態で聞きづらいので要注意です。

> ☆**法則 7** ☆
> p, t, k, b, d の文末(語尾)の音は消える

[10] Wake up, Tom, or you'll be late for school.
　　　ウェイキェアッ　　　　　　　ユール　　レェイ フォー
（トム，起きなさいよ，学校に遅れるわ）

〔西村式〕 **wake up** も連音の法則で〔**ウェイキェアッ**〕となります。

　Tom は〔**タム**〕と聞こえます。

　You'll は〔**ユール**〕と発音します。

　late のｔの発音がブレーキがかかったようになるか，ｔが無音に近くなるため，慣れないと聞きづらい音の1つになります。

　あとはリスニングを妨げるような音はありません。

　英語はいついかなる場合も文頭から文末までイッキです。stand up（立つ），look at（見る），make up（メエイキャップする），wake up（目をさます），など〔p, t, k, b, d＋a〕のときはaは〔エア〕のような音になることが多いので，慣れておいてください。

> ☆法則３☆
> p, k, b, d が語尾のとき，次が子音の場合は〔t＋子音〕と同様，無音状態になることが多い

〔11〕 He went up to Tokyo last Sunday.
　　　ヒー　ウェナェアップタァ　　　　　ラース
　　（彼は先週の日曜日は東京に行ったよ）

〔西村式〕　went up も語尾が t で終っています。ですから（ア）は（エア）の音になり，次の to に勢いよく続けます。
　up to は〔アプタァ〕となり **went up to** で〔ウェナェアップタァ〕とイッキです。

　last Sunday のとき，last の t は〔t＋子音〕の法則により無音になりますから〔ラース　サンデー〕に聞こえます。

　英国人はともかく，アメリカ人に t のことを聞くと，舌の位置も前の歯茎のうしろにちゃんとつけて発音している——といいます。

　でも録音すると，吐気つまり息の音は，スピードが加速されるにつれてほとんど聞こえないことが多々あります。

　このことが我々にリスニングが難しいと感じさせているので，やはり法則を知って慣れておかないと話になりません。

> ☆法則9☆
> 〔子音＋t〕のとき，t は無音になることがある

　　　　　ヘアブ　ユー　　ウリトンニ　イッタ　アウ
〔12〕 Have you written it out already ?
　　（もうそれ書いたの）

〔**西村式**〕　**written it out** はｔが『法則1』により１に近い形で発声しますから，〔**リィトンニッルアウ**〕と聞こえることもありますが，it でブレーキがかかることもあります。
　このとき，ｔが無音になります。
　written it で１つの単語のように連音されます。

☆**法則3**☆
p, k, b, d が語尾のとき，次が子音の場合は〔t ＋子音〕と同様，無音状態になることが多い

123

〔13〕 Line up and make a circle, please.
　　　　ラァインナェァップエン　メェイカ　ア　スゥクル
（整列して，輪になって）

〔西村式〕 **line up** でイッキで言えば〔ラァインナェァッ〕となり，p が聞こえないこともあります。これは line up の p が文末になるためなんです。

　and の d は〔エン〕と聞こえないことがあります。これは次が子音だからなんです。

　circle の発音ですが，〔スゥ（クル）〕と言っているように聞こえます。

> ☆法則3☆
> p, k, b, d が語尾のとき，次が子音の場合は〔t ＋子音〕と同様，無音状態になることが多い

〔14〕 　　　ワァラ　アー　ユー　ドゥーイン
　　　What are you doing ?
　　　（何しているの）
　　　アイム　ルッキン　フォ
　　　I'm looking for my notebook.
　　　（ノートを探しているのよ）

　　　　　　　　　　　　（※アンダーライン部分は収録なし）

〔**西村式**〕　イッキで文頭から文末までたたみかけてくる英語の中でこれまでアメリカ英語の発声を象徴しているものはありません。

　what の t は〔t＋母音〕『法則1』により l に近くなるのは無論なのですが，スピードの早いこと，なんせ文頭から文末まで，p, t, k, b, d などハアーッという吐気圧力を妨げるものは何1つありませんからね。それこそイッキです。

　I'm looking for my notebook. も **notebook** が〔子音＋子音〕法則で〔**ノォーブック**〕と t にブレーキがかかるぐらいで，文中に p, t, k, b, d ほどイッキ英語（吐気）を妨げる音がないのでとても速く言ってきます。

☆法則1☆
t の次が母音（ʌ, ə, æ, a, e, o, u）のとき，
t の音は米語では l に近い音になる

〔15〕 　　　アンチ　　ユー　アフレェイダブ　ドッグズ
　　　Aren't you afraid of dogs?
　　　（犬は恐くないの）
　　　ノォー　ナッ　アズ　マッチ　エアズユー　アー
　　　No, not as much as you are.
　　　（いいえ，あなたほどはね）

　　（※アンダーライン部分は収録なし）

〔西村式〕　**Aren't you** は〔アンチュー〕となります。

　afraid of で〔アフレェイダブ〕とイッキなので慣れないと，初心者がとまどうのも無理はありません。

　でも大丈夫です。一度聞いて知っておけば問題ありません。

　次に **not as**〜の not の t は『法則1』により，（ル）に近い音で発音することが多く，〔ナルアズ〕とも聞こえます。

☆法則1☆
tの次が母音（ʌ, ə, æ, a, e, o, u）のとき，tの音は米語では l に近い音になる

〔16〕　I had almost missed the train.
　　　　　アイブ　　オルモス　　ミイス
　　（もうちょっとで電車に乗りそこなうところだったよ）
　　　アイ　　シュダブ　　スターテッド　マッチ　　ウーリャ
　　I should've started much earlier.
　　（もっと早く出ればよかった）

　　　　　　　　　　　　（※アンダーライン部分は収録なし）

〔**西村式**〕　almost の t は次が miss と〔t＋子音〕となりますから『法則2』により無音に近くなります。

　同じように missed の ed も〔t〕ですから，聞こえないことがしばしばあります。

　I should've は〔**シュダブ**〕＝ should have となります。
　知っておかないと"えっ？"と戸惑います。

　started の ted は人によっては〔**スターリッド**〕に聞こえることがあるので要注意です。

　いずれにせよ語尾が p, t, k, b, d のとき，アメリカ人はイッキに次の音にスムーズに有声音で乗せることが多いのです。

　☆**法則2**☆
　〔t＋子音〕のとき, t は無音になることが多い

〔17〕 I think it's not for him but for her.
　　　　　　ナッ　　ヘム　　バッ
　　　　　　　　　　イム
（それは彼のではなくて彼女のだよ）

〔**西村式**〕　but を除いては，語尾が p, t, k, b, d などで，次が子音というイッキ英語を妨げる音は何1つとしてないわけですから，リスニングにおいては何1つ支障がないはずなんです。

　しかし，スピードが速いことと，圧力が文末になればなるほど，吐気量もスピードも増してきますから，**for him** は場合によっては〔フォイム〕，〔フォヘム〕に近い音に聞こえます。

　いずれにせよ，リスニングは速い英語のCDなどを聞けば，それよりスピードが落ちれば，必ず聞けるようになります。
　映画のききっ放しがリスニングにはとても役立ちます。
　最初は，わかってもわからなくてもいいんです。
　きちんと勉強を続けてください。やがてヤバいほど聴こえるようになりますから（＾＾）。

> ☆法則3☆
> p, k, b, d が語尾のとき，次が子音の場合は〔t ＋子音〕と同様，無音状態になることが多い

〔18〕 It's very kind of you to get rid of it.
　　　　ヴェリーカァインダアブ ユー　トゥ ゲリッ タァ
（それを取り除いていただいて御親切さま）

〔西村式〕 **kind of** は〔カァインダアブ〕とイッキです。

　get rid of は〔ゲッリッダブ〕となります。
　get の t が〔t＋子音〕『法則2』により慣れていないととても聞き辛い音になります。

　まして it の t が文末なので，スピードのある会話では，聞こえないことがしばしばです。

☆法則2☆
〔t＋子音〕のとき，t は無音になることが多い

〔19〕 That's out of the question.
　　　ザッツ　アウラアブ(ァ)
　　　（それはないよ——問題外だよ）

〔西村式〕　**out of** で〔**アウタブ**〕となるのですが，of を〔**ア**〕とやられると，out の t が〔t＋母音〕の法則により〔**アウラ**〕となることがあります。
　もちろんスピードのある会話ならではのことですから映画などに限ります。

　out of のつく一連のイディオム。
　これは『すごい！　英語は前置詞だ！』（明日香出版社）のところでも述べましたが，
　　・**out of sight**（見えなくなって）
　　・**out of the way**（へんぴな，奥まった）
　　・**out of pocket**（現金払いの）
　などは〔**アウタブ**〕とイッキに発音されますから，よく慣れておいてください。
　out of が〔**アウラ**〕と聞こえるのは映画などに限られます。

> ☆法則10☆
> of〔v, f〕がさらに速くなると，of は〔ア〕と発音されることがある

[20] Please be right at home.
　　　　　ラァイ　アッ　ホーム
（どうぞゆっくりなさってください）

〔**西村式**〕　right は t の音は『法則1』により, l に近い音になります。

at home は at の t が〔t＋子音〕『法則2』により無音に近くなるため,〔**アルホーム**〕に聞こえることがしばしばです。

home は一語ですが, 文末では〔**ホォウーム**〕と発声が伸びます。

Please make yourself at home. という表現もよく使われています。

☆**法則1**☆
t の次が母音（ʌ, ə, æ, a, e, o, u）のとき,
t の音は米語では l に近い音になる

〔21〕 It doesn't matter whatever happens to me.
　　　　　　　　　　ワルェバー　　　ハップンス
（たとえ私に何が起ころうとかまわないよ）

〔西村式〕　一見何でもない文なんですが，**whatever** を〔ワルェバー〕なんて言われると，一体全体どういう意味なのか，初心者はとまどうのも無理はありません。
　tが1になっただけなんです。

・**no matter how** も〔ノオマラハウ〕に，
・**no matter what** も〔ノォマラワッ〕に聞こえます。

　いずれも「たとえ〜しても」という意味なんですが，tは1に近くなるので，よく慣れておいてくださいね。
　でもゆっくり話す人なら，tは米国人でも接続詞ですから，ちゃんと話してくれます。

☆法則7☆
p, t, k, b, dの文末(語尾)の音は消える

〔22〕 <ruby>We still have plenty of money to get<rt>スティルヘェアバァ プレェニィア　　　　タァ ゲェリ</rt></ruby> <ruby>it.<rt>イッ</rt></ruby>

（まだそれを買うには，十分なお金があるよ）

〔**西村式**〕　plenty of は"多くの"という意味なんですが，通常は量にも用います。

　否定文には much や many を用い，疑問文には enough を使います。

　plenty の t は『法則1』により〔プレェニイ〕となり，of は〔ア〕と聞こえる場合がありますが，これは映画などで多く見られます。

☆法則10☆
of〔v, f〕がさらに速くなると，of は〔ア〕と発音されることがある

〔23〕 What is that?
　　　　ワル　イズ　ザッ
　　（あれ何よ）

　　It's a kind of Japanese pottery.
　　　アカインダア　　　　　　　　パラリ
　　（日本の陶器の一種よ）

〔西村式〕 that の t は文末ですから，『法則7』により無音に近くなります。

　a kind of の of は，しばしば〔ア〕とだけしか聞こえないことがあります。

　pottery は『法則1』により，t は l に近くなりますから，〔**ポラリー**〕しか聞こえないことがあります。

☆法則7☆
p, t, k, b, d の文末（語尾）の音は消える

〔24〕 He won't give us any trouble.
　　　　　　ウォ　　　　　　　　　　チュラバル
（彼は我々に迷惑をかけないよ）

〔西村式〕 won't は will not の省略です。won't の t は〔t＋子音〕の法則により t は無音になります。
　trouble は『法則8』により〔tr＋母音〕ですから、〔**チュラバル**〕に近い音に聞こえます。

　★省略形★
　　will not ── **won't**〔ウオン〕
　　would not ── **wouldn't**〔ウドン〕
　　can not ── **can't**〔キェアン〕
　　could not ── **couldn't**〔クドン〕
　　must not ── **mustn't**〔マスン〕
　　had better ── **'d better**〔ドゥベラー〕
　　would rather ── **'d rather**〔ドゥラザァ〕

☆法則8☆
〔tr＋母音〕は「チ」と発音されることが多い

〔25〕 I was pretty surprised to hear that.
　　　　　プリィリィ　　サプライズ　ア　　　　ザッ
（それを聞いて驚いたよ）

〔西村式〕 **pretty** は t が〔t＋母音〕の法則により,〔**プリィリィ**〕と聞こえます。

　surprised to は surprised の ed が聞こえないか,〔サプライズタァ〕と聞こえることがしばしばです。これは ed の d が語尾であるという『法則7』の影響を受けるからなんです。

　that の語尾の t も『法則7』により無音になります。

　pretty 以下は〔プリィリィ　サプライスタ　アイヤ　ザッ〕ととても聞きづらい音になります。

　hear は, もともと吐気音がベースですから, ear の発音に間違えることがあります。でも肉声では〔**ヒイアー**〕と聞こえます。

☆法則7 ☆
p, t, k, b, d の文末(語尾)の音は消える

〔26〕 Have you gotten a letter from her ?
　　　ヘェアブ　ユ　　ガッラァ　　レラー　　ハー
　　　　　　　　　　　　　　　　　　　　　　アー
（彼女から手紙をもらったの）

〔西村式〕 **have you** も〔ヘェアブユ〕のように〔h, p, t, k, b, d＋a〕の音の多くは a が〔エア〕と発音することが多いので念のため。

　get a letter は〔t＋母音〕の影響を受け、〔**ガッラァレラアー**〕とイッキです。

　from her も〔**フラムアー**〕と聞こえることがしばしばです。

☆法則6☆
hが省略されるとき、them＝em〔ェム〕, him＝im〔ィム〕, her＝er〔ァ〕などに要注意

〔27〕 I often go there but it's the first time
　　　　オーファン　　　　　　　　　バッ　　　　　　フースト
　　　for me to go to Kyoto.
　　　　　　　トゥ ゴォウ ラァ
　　　（私はよくそこへ行きますが，京都へ行くのは初めてです）

〔**西村式**〕 **often** は，〔オーファン〕という発音と〔オフトン〕と読み方が2通りあります。これは〔子音+t〕『法則9』の影響を受けるからなんです。

　　but の t は，〔t+母音〕の法則により〔バル〕と聞こえます。

　　to go to Kyoto の初めの to は〔トゥ〕となることが多いのですが，二番目の to は〔ア〕と発音されることがしばしばあります。

　　ですから **to go to** は〔トゥ　ゴォウ　ラァ〕と聞こえます。
　　でも慣れればわかります。

☆法則9☆
〔子音+t〕のとき，tは無音になることがある

〔28〕 　　　チュラァイタァ　リメンバー　　　ザッライ　ウォンリッド　ア　シイ
Try to remember that I wanted to see
　　　　エム
them the other day.
（先日，それらを見たかったことを思い出してください）

〔西村式〕　**try** は〔tr＋母音〕『法則8』により〔**チュラァイ**〕に近い音になります。

　　that I でthatのtが〔t＋母音〕の影響を受け，〔**ザッライ**〕に聞こえます。

　　wanted to はtoがイッキで連音しやすいように〔**ウォンテッダァ**〕となる場合がしばしばあります。
　　さらにスピードがつくと，〔**ウォンリッドァ**〕と映画では聞こえます。
　　see them のthemが『法則6』により〔**エム**〕となりますから，〔**シイエム**〕と聞こえます。

　　とにかく，em, im, er（them, him, her）などの連音がくると口慣らしをしておかないとお手上げですね。

☆法則8☆
〔tr＋母音〕は「チ」と発音されることが多い

〔29〕 When will it be completed ?
　　　ホエン　ウル イッ ビィ
　　　（いつそれが建てられるの）

〔西村式〕 **will it** はイッキ英語ですと，〔**ウルイッ**〕に聞こえます。

　completed の d の音も聴こえにくいかもしれません。

　でもゆっくりとした肉声ですと，教養のある人はちゃんと〔t〕〔d〕〔k〕〔b〕〔d〕が文末に来る場合も発音しますからわかりやすいんです。

　とにかくイッキでスピードがつけばつくほど，これらの音があいまいになってきます。

☆法則1☆
t の次が母音（ʌ, ə, æ, a, e, o, u）のとき，
t の音は米語では l に近い音になる

〔30〕 When will you have an appointment with Mr. Okada ?
ホエン　ウル　ユー　ヘェアバ　　　アナラポインメン
ウィズ　オカラ
（いつ岡田さんと約束しているの）

〔西村式〕 **will you** は〔**ウルユー**〕と聞こえます。

　appointment の t は〔nt＋子音〕『法則4』により無音に聞こえます。また語尾の t も『法則7』により無音に近くなるので，とても聞きづらいと思います。

　Mr. Okada は d が l と同じ舌の位置ですから，〔**オカラ**〕という音に近い音で発声してきます。
　〔t と d〕のつく日本人の名前は次のように聞こえます。
　　Mr. Watanabe ＝〔**ワラナベ**〕
　　Mrs Ito ＝〔**イロー**〕
　　Miss Ikeda ＝〔**イケラ**〕
　　Mr. Kondo ＝〔**コンロー**〕
　　Miss Okuda ＝〔**オクラ**〕
という具合にね。
参考にしておいてください。

> ☆法則4☆
> 〔m, n(g) ＋t〕のとき，t は無音状態になる

〔31〕 I have a slight cold.
　　　　　　スラアイ　コォウル
　　（少し風邪をひいているんです）

That's too bad. Please take care
ザッツ　トュー　ベェアッ　　　　　テェイケェアラ

of yourself.
ア（ブ）ユアセルフ

（それはいけませんね。お大事にね）

（※アンダーライン部分は収録なし）

〔**西村式**〕　slight〔slait〕のｔは『法則7，2』によりｔの次が子音ですから無音に聞こえます。

　　bad は〔ベェアーツ〕としか聞こえないことがあります。ｄが最文末『法則7』だからなんです。

☆**法則7**☆
p，t，k，b，ｄの文末（語尾）の音は消える

第7日目 (CD-7)

さあ，これで総仕上げだ！ビジネス英語のリスニングもOK！
（全例題 CD 収録）

さあ，ここまで勉強してきて，目からうろこがおちるような感じで，自分のヒアリングやリスニングの力がついてきたなあと実感されているのではないでしょうか。

最終仕上げの7日目としては，ビジネスの現場でよく使われているネイティブ英語を例文として，さらに実践力を磨きあげたいと思います。

どうぞ頑張ってくださいね（＾０＾）

〔1〕 Hello, is this Mr. Cooper?
　　　　アロー
（もしもし，クーパーさんですか）

〔西村式〕 法則にひっかかるものは何1つありません。でも，英語は h をベースとする吐気先行の原則です。hello は〔アロー〕としか聞こえないことがあります。特にくわえタバコなどをしているときはね。

〔2〕 Yes, speaking.
　　　イエス　スピーキン
（ええ，そうですが）

〔西村式〕 yes と speaking は，1語1語，書くときは離して書きます。でもイッキでハアーッという音にたたみかけてきますから，〔イエススピーキン〕と発音してきます。g は鼻にかかります。

〔3〕 Who's speaking?
　　　フーズ　スピーキン
（どなたですか）

〔西村式〕 Who に圧力がかかります。英国英語では，ものすごい圧力がかかります。でもリスニングを妨げる音は何1つありません。
　ただ文の始めから，終わりまで区切らずにイッキです。

〔4〕 Give me extension 203, please.
　　　ギィ　ミイー イクステンシャン
　　（内線203をお願い致します）

〔**西村式**〕 give me は〔ギィミー〕と米国ではなります。でも慣れれば問題はありません。

〔5〕 Will you please connect me to Mr. Okada ?
　　　ウル　ユ　　プリーズ　　コネク　ミー タア
　　（岡田さんにつないで頂けますか）

　　Hold a moment.
　　ホールダア　モーメン
　　（お待ちください）

〔**西村式**〕 connect to と，t＋子音となりますから，はじめのtは，ゆっくり言えば，ちゃんとtの吐気音が聞こえますが，米国人同士の間ではtが，『法則2』により聞こえないことがしばしばです。また，moment のtも『法則7』により聞こえないことがあります。

〔6〕 I recognize your voice.
　　　　　　　　　　ヤー　ボイス
　　（あなたの声だということがわかりますよ）

〔**西村式**〕 別にコメントなしです。なんせ文中には，吐気音を妨げる音は何1つありませんから。でもrの音は発音されるときに舌を巻いて発声しますから，すごい吐気圧力となります。

〔7〕 He isn't at the office.
　　　ヒイー イズン アッ ジ オフイス
　　（彼は，事務所にはいませんよ）

〔**西村式**〕　isn't と at との間に『法則4』により isn't の t が無音になり，at the〜との間には『法則2』により，at の t が無音に近い音になります。

〔8〕 Shall I take message ?
　　　　　　　　　　メシイッジ
　　（伝言，ありますか）

〔**西村式**〕　始めから終わりまで，吐気音を避ける p, t, k, b, d の音はありません。ただ message の発音に注意してくださいね。

〔9〕 What time will he get back?
ワッ　タイム　ウル　ヒ　ゲッ　ベアック
(何時ごろ戻られますか)

I haven't heard of that.
アイ　ヘアブン　ハアーダ　ア(ブ)　ザアッ
(そのことは聞いていませんよ)

〔**西村式**〕　get back は come back と同じ使い方ですが，get の t は，『法則2』により t は無音に近い音になります。地方によっては，get back は〔ゲルベエアック〕に近い音で言う人もあります。

　haven't は，n ですごいブレーキがかかります。t の次が h という子音ですから，t は無音に近い音になります。

　heard of that——that の t は『法則7』により無音に近くなります。人によっては of を〔ア〕に近い音でまくしたてる人がいます。その場合は〔ハァーダァ〕に聞こえることがあります。

〔10〕 I'll be there in a few hours.
アイ　オ　ビイ　ゼア　イナァ　フェ　アワーズ
(数時間後に参ります)

〔**西村式**〕　later は『法則1』により t が l に近い音になります。I'll は〔アイオ〕に聞こえることがあります。これは l の音が上歯の裏の歯茎のところに舌をつけ口唇をとがらせて，突き出し〔オ〕のように発声するので，〔オ〕に聞こえるんです。——これは l の音を中途半端に発声するために起ります。

〔11〕 I'm sorry to have kept you waiting.
　　　　　　　　　タブ　　　ケプチュー　ウェイリィン
　　（お待たせして申し訳ありません）

〔**西村式**〕 to の発音は〔tu と tə〕との両方があります。米語でも教養のある人は〔トゥ(ー)〕とちゃんと発音します。——この意味でスピードを落して語尾を鮮明に発音する人は，丁寧な言い方となります。

　でも，to have は口語では〔タブ〕に，kept you は，t＋子音ですから t が無音となりますから，kept you でイッキに言えば〔チュー〕となります。waiting の t は『法則 1』により l に近い音になります。

〔12〕 Please let him in.
　　　　　　　レッリイム イン
　　（彼をお通ししてよ）

〔**西村式**〕 him は『法則 6』により〔im イム〕となりますから，let him で，let＋im となりますね。ですから『法則 1』により〔レッリィン〕に近い音で発声されることがあります。

〔13〕 I haven't seen you for a long time, have I ?
　　　ヘアブナ シイーン ニュー フォラア
　　（久しぶりですね）

〔**西村式**〕 haven't の n でブレーキがかかります。『法則 4』により t は無音になります。long の g は無音です。

〔14〕 How's your business going ?
　　　ハァウ　ジュア　　　　　　ゴーイン
　　（お仕事は，どうですか）

　　Just going well.
　　ジャス　ゴーインヌエル
　　（順調です）

〔**西村式**〕　この文に吐気音を妨げる音は何1つありませんから，それだけに一息で言われると，"pardon ?" と言いたくなることが多いので例をあげておきました。just の t は『法則2』により，次の音が子音ですから，無音になります。h の音は，映画などでは，とても聞きづらい音の1つです。なんせ，Here's your〜を Did you〜と20人中20人が聞きまちがえたほどですから（映画『ベンジー』より）。

〔15〕 I'd like to make (it) sure when he'll be free this
　　　アイド ライク タァ メェイキッ　シュア
　　week.
　　（今週は彼がいつひまか確認したいんです）

〔**西村式**〕　'd like to の to はイッキで言えば〔タァ〕となります。make it sure の it は次が子音ですから，『法則2』により，無音に近くなります。ですからイッキに発声すると〔メェイキッシュア〕と聞こえます。

> [16] When would it be fine for you if I come to see you tomorrow?
> 　　　　ウッデ イッ ビー　　　　　　　　　　　カム タ シィ
> 　　　　　　　　　ユー
> （あなたに会うとすれば、いつが都合がいいですか）
>
> Any time would be fine in the afternoon.
> 　　　　　　　ウッ ビィー
> （午後ならいつでもいいです）

〔**西村式**〕 何でもない英語なんですが、慣れていないと聞きづらい文の1つです。Any time 以下は問題ありません。
　be は〔ビ〕と〔ビー〕と両方ありますが、スピードが速い場合や強めで単語が伸びる場合は〔ビィー〕と発音されます。

> [17] We're going to have a technical tie-up with that company.
> 　　　　　　　ゴーナ ア　　　　　　　　　　タイエアッ ウイズ サッ
> （我々は、その会社と技術提携をしようとしています）

〔**西村式**〕 tie-up の p は、次が子音ですから、p が『法則3』により無音に近い音になります。
　that の t も『法則2』により、無音に近くなりますから、文の始めから終わりまでイッキに言われると、〔the ザ〕に聞こえることがあります。

〔18〕 What has happened to him?
　　　ワッ ヘァズ　ヘァプン　タァ イム
　　（彼に何かあったの）

〔**西村式**〕　何と言っても聞きづらい音は，to him が〔トウイム〕と聞こえるときです。happened の語尾の d の音も『法則7』により聞きづらいことがしばしばあります。

〔19〕 It's none of your business.
　　　イッツナァンナァブ
　　（それは君の知ったことではない）

〔**西村式**〕　none of の of は〔オフ〕ではなく，〔アブ〕となります。

〔20〕 Bring me something to write on.
　　　ブリン　ミィ　スムシイン　ナァ ライト(ン)
　　（何か書くものを持ってきて）

〔**西村式**〕　bring me で〔ブリンミィー〕とイッキに言われると聞きづらくなります。something は〔スムシイン〕の音に近くなります。write も文末ですから，『法則7』により無音になります。何か書く紙などを要求するときは，something to write on，ボールペンのように，書くものを要求するときは，something to write with を用います。

〔21〕 I'm sorry, but I can't understand what you mean.
　　　　　　　　　バテッ　キェアン　　　　　　　　ワゥル　ユー　ミイーン
（すみません，おっしゃっていることがわからないのですが）

〔西村式〕 can't は英国では〔キャエイン〕と聴こえます。what you mean のところが〔ワルユーミィーン〕に聞こえることもあるので注意しましょう。

〔22〕 Would you like to attend the party ?
　　　　　　　　　　　　　　　アテンド　ダ　パーリィ
（パーティに参加したいですか）

〔西村式〕 party の t は『法則1』により，〔パーリイ〕に聞こえることがしばしばです。attend の d も『法則7』により無音になることがあります。

〔23〕 Please get off the　train at　the next station
　　　　　　　ゲルアフ　　　　　チュレェインナアッ ザッ
　　　and change trains for Osaka.
　　　　　　　　　チュレエイン フォ
（次の駅で降りて大阪行に乗り換えてください）

〔西村式〕 get off で〔t＋母音〕ですから，『法則1』により〔ゲルラッ〕に近い音に。train は〔tr＋母音〕で，〔チェレェイン〕に近い音になります。また at の t は，次が子音ですから，『法則2』により無音に近くなります。

〔24〕 I've never heard of it.
　　　　　　　　ハーダァブ イッ
　（そのことについては聞いたことがありません）

〔**西村式**〕〔ハーダァブイッ〕は heard of it のことです。文末の it の t が『法則7』にひっかかっただけですが，こんな聞きにくい英語はありません。

〔25〕 This way is the short–cut to get there.
　　　　　　　　　ザ(ァ)　ショッーカッ　トゥ　ゲェッ
　（この道は，そこへ行くのに近道なんです）

〔**西村式**〕 short–cut は〔ショッカッ〕に聞こえます。『法則2』のいたずらなんですが，録音された音はやはり肉声とちがって幅の広い，高低音，両域の音を吸収するので聞きづらい音になります。

〔26〕 Please give her the copy of this page.
　　　　　　　　ギィブァ
　（このページのコピーを彼女に差しあげてください）

〔**西村式**〕 give her は『法則6』により〔ギィブァ〕とイッキに言われると，慣れてない限り聞きづらい音になります。

〔27〕 I want a pack of Lark.
ウォナ ア ペアッカァブ ラーク
（ラーク１ケースください）

〔西村式〕 pack of〔ペアッカァブ〕となりますが、スピーカーから流れる音はとても聞きづらくなります。Lark はタバコの名前ですが、k が『法則7』により、無音に近くなります。

〔28〕 Please keep it.
キーピイッ
（どうぞとっておいてください）

〔西村式〕 たった３語で渡される場合だってあるんです。それも it の t をちゃんと発声してくれないばっかりにね。

〔29〕 First of all you should've done this job.
フウースタアバ アル　　シッダアブ
（はじめに、この仕事をすべきだったね）

〔西村式〕 first of all で〔フスタァバァル〕に聞こえます。first の t は l に近い音にならないのです。でも、イッキで速く言われると、"pardon ?" と言いたくなる句なので注意を要します。
　should've は should have の略で〔シッダアブ〕となります。
・would have = would've〔ワッダブ〕
・could have = could've〔クッダブ〕

〔30〕 I can't understand anything at all however I
　　　　　　　　　　　　エニィシィンナアッルオール ハウエバアー アイ

　　try to hear what he's going to say.
　　チュラァイトゥ　　　　　　タァ
　　(たとえ彼が話そうとしているのを聞こうとしても何
　　にもわからないんだ)

〔**西村式**〕 anything at all で〔エニィシィナアッルオール〕に聞こえます。at の t が『法則1』で l に近い音になるだけなのに吐気が入るとわかりにくいのです。

〔31〕 Where are you going？〔ハワイのみ〕
　　　　　　　　　　イー
　　(どこへ行くの)

〔**西村式**〕 you が〔イー〕に近い音をするのは，聞くところによりますとハワイ独特の英語とか。でも皆さんは間違ったってこんな発音をまねなさらないことを願います。まあ，こんなことも知っておくと便利ですから。

〔32〕 You'd better meet him on the way back.
　　　　　ド　ベラー　ミィーリィム　　　　　ベェアッ(ク)
　　(帰りに彼に会われたらどうですか)

〔**西村式**〕 'd better の better は，『法則1』により〔ベラー〕ですね。meet him は『法則1』により meet の t は l に近い音になり，次の him が『法則6』により〔im〕に近い音になりますから，イッキで言えば，〔ミィーリィム〕と聞こえます。

> 〔33〕 Have you seen "Get-away" before ?
> 　　　　　　　　　　　ゲッラアウェイ
> (『逃亡』という映画を見たことがありますか)

〔西村式〕　get away は"脱獄"と訳されていたかもしれません。tは『法則1』によりlに近い音になります。

> 〔34〕 Just a moment. I'll come there soon right after I
> 　　　ジャスタ ア　モーメン　　　　　　　　　　　　ライラ アフタァー
>
> take them away.
> テェイケェ　マウェイ
> (ちょっと待ってよ，それらを片づけてからすぐにそちらに行くわ)

〔西村式〕　right after の中で right の t は『法則1』により l に近い音になりますが，after の t は，ほとんどのネイティブはちゃんと発声しています。でも〔ライラアフタァー〕とイッキですから，慣れていないと聞きづらいでしょう。次に take them away は『法則6』により〔テェイケェマウェア〕。イッキに言われたときは，この法則を知らないとお手あげですよ。

〔35〕 Can you do that?
　　　　　　　　　　ザッ
　　　（それできるの）

　　　Yes, but a little bit.
　　　　　　バッラァ　リル　ビッ
　　　（ええ，でもほんの少しだけ）

〔西村式〕 a little bit の bit が入るだけで『法則7』により，語尾の t が聞こえないことがしばしばです。Song の場合など，特にロックのようなテンポの速い歌などは，しばしばこの形がでてきます。〔リルビッ〕は a little bit,（ほんの少し）という意味になります。

〔36〕 I'm used to speaking with any foreigner.
　　　　　　　ユースタッ
　　　（私はどんな外国人とも話し慣れています）

〔西村式〕 used to は〔ユースタッ〕となります。これは前述しましたように d と t は舌の位置が全く同じですから，ハァーッという吐気音を避ける音が同時に2つ重なるために d を無声音にし，t だけを有声音にして発声します。

〔37〕 I have been to Hawaii twice.
　　　　　ヘェアブ　ビィーナァ　ハワイ
　　　（私はハワイへ二度行ったことがあります）

〔西村式〕 have been to は『法則4』により t は無音になりますから，to は〔タ〕と発声することがあります。イッキで言えば，〔ヘェアブ　ビィーナァ〕に近い音で発声されることがあります。

157

〔38〕 We still have plenty of water to drink.
　　　　　　　　　　ヘアバア　プレニイ　アブ　ワォラー
　　（まだ飲料水が豊富にある）

〔西村式〕 plenty を〔プレニイ〕と『法則1』により t を l に近い音でイッキにまくしたてられると，とても聞きづらい音になります。

〔39〕 Bring me butter, please.
　　　　ブリン　ミィー　バラー
　　（バターを持って来てください）

〔西村式〕 bring me は，イッキでまくしたてられると，〔ブリンミィー〕，butter は『法則1』により〔バラー〕と聞こえます。でも慣れれば問題はなさそうです。

〔40〕 Oh, beautiful scenery, isn't it ?
　　　　オー　ビィウリィフル　　　　　　イズンニッ
　　（うあー，きれいな景色ですね）

〔西村式〕 beautiful は『法則1』により，〔ビィウリィフル〕に，isn't it は，『法則4』により t は無音になり，〔イズンニッ〕に近い音になります。

〔41〕　I've forgotten it.
　　　　フォガルニイッ
　　（それ忘れちゃった）

　　Don't forget it.
　　ドン　フォゲェリ イッ
　　（忘れないでよ）

〔**西村式**〕　すべて〔t＋母音〕の法則ですから，t が l に近い音にくずれることがあります。
　そして文末が t ですから，『法則 7』により，イッキで言われると，想像以上に聞きづらい音になります。

〔42〕　Sorry to say, I can't go there because my schedule has been tied up through this week.
　　　　　　　　　　　　　　タイデュアッ　　スルー
　　（すみません。今週はずっとスケジュールが詰っているので行けません）

〔**西村式**〕　Because は〔コウズ〕と省略することがあります。
　（'cause＝because）
　tied up の p は次の音が〔t〕(through) という子音なので，『法則 3』により無音になります。tight up に聞きちがえることがありますから，注意しましょう。

〔43〕 I can't settle down.
　　　アイ キェアン セルル　ダウン
（仕事に身が入らないよ）

〔西村式〕 settle は〔t＋子音〕の原則，つまり『法則2』により「セルル」に聞こえます。can't も『法則4』により t が聞こえないので要注意です。
　t が2つ重なる単語としては casttle（城）の t はもとから t を発音しません。

〔44〕 Please write out what you think up.
　　　　　　　　　　　　　　　ワルュシンクァ
（どうぞ，思っている通りにそれを書いてください）

〔西村式〕 米語では what you think up の up の p が聴こえず，「ワルュシンクァ」に近い音になります。think は，上の歯で下の唇を抑えて「ス」と発音します。

〔45〕 I think it all right.
　　　シイキッル　　オラアイ
　　（それは，大丈夫だと思うわ）

〔**西村式**〕 think の k と it は米国式では，〔シインキッル〕に近い音になります。it の t の次が母音ですから，t は l になります。

　think it all right では，all の〔l〕と right の〔r〕は，子音が2つ重なるので，all の l は，米国では，スピードが加われば加わるほど l は無音に近くなるんです。

　これも英国式では，どんなにスピードを出しても，米国英語のようにくずれないのが普通です。発音は，くずれるということがそのまま教養がないという考え方になるのです。ですから，speaking のときは，ちゃんと発声，発音した方がいいのです。

〔46〕 Shoot at him.
　　　シュッラ アッ イム
　　（奴を撃て）

〔**西村式**〕「シュッラアッイム」なんてイッキに言われると，まるでわからないですよね。映画でスピーカーから流れてくる音声。アメリカ英語のいたずらです。

　日本人はくれぐれもマネなさらないように。

> 〔47〕 He went around all over the States last year.
> 　　　　　ウェナ　アラウンドオール
> （彼は去年，アメリカをずっとまわった）

〔**西村式**〕　went around で語尾が nd ですから t が『法則4』により無音に近い音になり，went は〔ウェン〕にしか聞こえないことがしばしばです。all over は〔オーロウバ〕となります。

　特にスピードが速ければ速いほど，連音に慣れておきたいものです。

　英国英語では t はちゃんと発声されます。last の l なんですが，l，t，d の音は前歯の歯茎のうしろにものすごい圧力で発声されるのが普通です。俗に「あの人は，英語がきれいだ」という人は t や l，d の音がちゃんと出せる人です。l，t，d そして p，t，k の次に来る a の音は，たいてい〔エア〕になります。

〔48〕 I can't get in touch with him.
アイ キェアン ゲッリィン タッチ ウイズ イム
（私は彼に連絡がとれない）

〔西村式〕　この文をイッキに言われれば，相当長く英語をやっている人でもギャフンです。だって法則でがんじがらめなんです。can't の t は n+t ですから，『法則4』により t が聞きづらくって can't なのか can なのかわからなくなります。くどいようですが，can't は n でブレーキがかかりますから，can と区別ができます。次のような練習をしっかりやっておいてくださいね。

Mr. Can can't come with Mrs Can't.
（キャンさんは，キェアント夫人と一緒に来れないんです）
　このとき，come は〔カム〕というのが正しい発声ですが，〔クム〕と聞こえます。
　話を戻しますが，get の t は，次が in ですから，〔ゲッリィン〕に近い音で発音されます。
　with him の him が『法則6』により〔イム〕となることが映画ではしばしばです。

> [49] I went to Tokyo last year.
> 　　　アイ　ウェナ　ア　トーキョー
> 　（東京に昨年行きました）

〔**西村式**〕　went to は『法則4』により t がほとんど聞こえないことがあります。このとき went to で〔ウェナア〕になります。

　でも英国英語では，ちゃんと〔went〕（ウエン）となります。

> [50]　I'll call　you up　later.
> 　　　　コール　ユナ エアップ　レェイラ
> 　（あとで電話するよ）

〔**西村式**〕　you と up で〔ナエアップ〕に近い音で耳に入ってきます。

　それに later は t が『法則1』により〔レェイラ〕に近い音に聞こえることがしばしばです。

　I'll はスピードが加速すると，〔アイオー〕に近い音に聞こえることがあります。

　これは，I'll の l が子音，そして次が call ですから，子音が2つ続くことになります。このとき，スピードをつけてイッキに言うとすると，l は前歯の歯茎のうしろにちゃんとつけて発音するのですが，どうしても子音が2つ重なる場合は l の舌の位置が離れてちゃんと l が発音されないために聞こえる音です。

〔51〕 I beg your pardon ?
　　　アイ　ベッギュア　　パールン
　　（もう一度おっしゃっていただけますか）

〔**西村式**〕　pardon は米国人がスピードを増してイッキに言うと〔パールン〕に聞こえることがあります。

　これは pardon の rd は二重に子音が重なるため，r と d とでは r は圧力が一番かかる音ですから，舌の位置が d に十分戻らないまま，次の n の音に勢いよく発声されるからなんです。

　それにしてもいやですね。「パールン」なんて言われるとわかりませんよね。

　我々は真面目なものですから，ちゃんと〔パードン〕と発音したいものですね。

〔52〕 Please fasten your seat belt.
　　　ブリーズ　ファスン　ニュア　シイート　ベェル
　　（どうぞシィートベルトを締めてください）

〔**西村式**〕　fasten も子音が2つ重なっていますから t は発音しないんです。〔子音＋t〕のとき，『法則9』により t は無音になります。

〔53〕 I've got a cold.
　　　　　　ガッラア
　　（風邪をひいているんです）

〔**西村式**〕　got a で〔t＋母音〕で，『法則1』により〔ガッラア〕になります。

〔54〕 Oh ! Motor cycle gang.
　　　　　モオウラー
（あっ。暴走族だ）

〔西村式〕 motor は〔t＋母音〕ですから〔モオウラー〕となります。

〔55〕 I think that you'll be quite tired, then.
　　　アイ シイン ザアッ ユール ビイ クワイ タイヤ　　ゼン
（で，あなたはとても疲れていると思うわ）

〔西村式〕 think の k の次に that ですから，子音＋子音で，『法則3』により k は無音に近い音になります。that の t も次が子音ですから『法則2』により t は無音に近い音になります。それに quite の〔t〕も次が子音ですから，聞きづらく，tired の d も次が子音ですから『法則3』により d は無音に近いので語尾が聞きづらい音になります。

〔56〕 It's kind of you to say so, but it's important for me.
　　　カアインダ　　　　　　　　バルイッツ インポォートゥン

（そう言ってくださりご親切さま，そのおことばは私には重要なものです）

〔西村式〕 kind of で〔カアインドアブ〕と普段ゆっくりとしたネイティブの話し方に慣れている方にとっては〔カインダァ（ー）〕，文頭から文末イッキ英語では kinder のように聞こえます。

important は，rt のように子音+t のとき『法則9』により t を発声しない場合は，〔インポーラン〕，そして t を発音する場合は〔インポォートゥン〕と2通りの音が聞けるようにしておけばいいですね。

but の t はここでくぎるときは t は無音に近い状態になり，but it……とイッキに文頭から文末まで言う場合は，『法則1』により t は l に近い音になり，〔バルイッツ〕に近く聞こえます。

〔57〕 What's new ?
　　　　　　　ヌゥー
（何か変わったことは）

Nothing in particular.
ナッシィンニン　パァティキュラー
（いや特に何もないよ）

〔西村式〕 What's の t は，次の音が子音ですから無音になります。次に new は〔ニュー〕と覚えていらっしゃる方のためにイッキに〔ヌゥー〕とやられると，「えっ？」と一瞬とまどってしまいますので念のために。

　particular は rt と子音が重なるのですが，アクセントの位置が i のところにあるので，この場合は t は鮮明に発声されます。問題は nothing in と連音のとき，スピードが加わる場合は，nothing の g は発音されませんから，〔ナッシィニン〕となるので，初心者が聞かれると"あれ⁉"と思うことがあります。

〔58〕 I've heard that it's out of print.
　　　　　ハァーッ　ザッリ　イッ　アウラア　プリン
（それ絶版らしいよ）

〔西村式〕 heard の d は次が子音ですから無音に近くなります。that は省略されることがしばしばです。省略されない場合は heard で ↗（上昇イントネーション）で区切るときです。省略されないときは，that it is で〔t＋母音〕の法則により〔ザリイッ〕となることが多いんです。

〔59〕 I get used to cooking it.
アイ ゲッル ユースタァ クッキンニイッ
（その料理には慣れたわ）

〔**西村式**〕 get used to は〔t＋母音〕の法則により，〔ゲッルユースタァ〕に聞こえることがあります。
　to は〔タァ〕と発音する場合と，〔トゥ〕と発音する場合の2通りありますが，次の音が子音のときは，勢いをつけるためにイッキに次の音が発声しやすいように〔t〕と発音することが多いんです。我々に一言も断りもしないでそんな法則を作るなんて，一体どこまで苦しめようとするんでしょうかね。次に cooking it で〔クッキンニイッ〕と一息ですから，it の t は（最）文末ですから，『法則7』により無音に近くなります。nothing in は〔ナッシイニイン〕となるのでしたね。でも英国英語では，ちゃんと一字一句もらさず正確に発声しています。英国人は真面目ですね。

〔60〕 He eats out somewhere now.
ヒー イーツアウ スムホェア
（彼は今，どこかで外食中です）

〔**西村式**〕 eats out で〔イーツアウ〕に聞こえます。これは eats の t は，〔t＋子音〕ですから，t が無音になるからなんです。somewhere の some は〔サム〕と発声するんですが〔スム〕に聞こえます。

〔61〕 Here's your breakfast.
　　　ヒッ ジュア　　ブレックフスト
　　（さあ，朝食よ（召しあがってよ））

〔西村式〕 英語ではhの音，特にha（ハアー），hi（ヒイー），hu（フウー），he（ヘェー），ho（ホオー）の音はどの音よりも吐気量が強くものすごい圧力で発声してくるんです。すでに説明しましたように特に吐気，つまり息の上に音がのっていますから，Here's your〜で，〔ヒッジュア〕がDid you〜と映画では聞こえるんです。これは肉声では混同することがありませんが，いずれにしろそれだけhの音に圧力が入って発声される腹式発声（呼吸）だけは間違いないようです。次にbreakfastのfastは実際には〔フスト〕に聞こえます。difficultも実践では〔ディフィクルト〕に聞こえます。

〔62〕 Don't forget it.
　　　　　　フォゲリッ
　　（それを忘れないでね）

〔西村式〕 forget itは〔フォゲッテット〕とちゃんと発音してくれるネイティブには，問題がないのですが，これもt＋母音『法則1』によりtはlに近い音になるので，〔ドッフォゲリッ〕となります。itのtは最文末なので，ほとんど無音に近くなります。

〔63〕 Has he come here yet ?
　　　ヘェアズ イ　　クム　イヤ　イエッ
　　（彼もう来たの）

　　Yes, he has. But he has gone somewhere already.
　　　　　　　　　　　バッ　　　　　ガーン　スムホェア
　　（はい，でも彼は，もうどこかへ行っちゃったわ）

〔西村式〕 come here で〔クム イア〕に聞こえます。yet の t は最文末ですから，ほとんど聞こえないことがあります。

〔64〕 Wait a moment, please.
　　　ウェイラァ　モーマン
　　（少々お待ちください）

　　I'm sorry to've kept you waiting.
　　　　　　　　タブ　ケプチュ　ウェイリン
　　（お待たせ致しました）

〔西村式〕 wait a〜は t +母音，つまり『法則 1 』により〔ウェイラァ〕とイッキです。moment の t はイッキで文頭から文末まで発声する場合，『法則 2 』により t は無音になります。to've は to have の省略で，イッキ英語では〔タブ〕に聞こえます。kept you waiting は kept you で，waiting の t も〔 t +母音〕『法則 1 』により〔ウェイリン〕に聞こえます。この文は覚えておいた方がよさそうです。

171

> 〔65〕 Oh, watch out the ceiling doesn't hit your head.
> 　　　　　　ウオチュ アウ　ザッ シィーリイン　　　　　ヒッ チュア
> 　　（頭を打たないように天井をよく見て）

〔**西村式**〕　watch out の t は〔t＋子音〕（法則２）により無音状態になりますから，〔ウオチュ〕としか聞こえないことがあります。

　　hit your で〔ヒッチュア〕と聞こえます。

> 〔66〕 Please give me something to fix it.
> 　　　　　　　　　ギイミィ　　スムシィン　　タァ フィクシイッ
> 　　（何かそれを固定するものをください）

〔**西村式**〕　give me は〔v〕が発音されないことがしばしばです。無論，米語に限られますが。ですから〔ギミー〕としか映画では聞こえないことがあります。これは米国人同士の会話でしばしば見られます。

　　fix it はイッキ英語では，〔フィクシイッ〕となり，連音のいたずらにしても，とても聞きづらい音になります。文末が t のときは無音状態ですから，song（歌），movie（映画）などではよほど慣れている人でも文末の音を聞きもらしてしまうことがあります。

　　文末の音が聞きづらいのは，文末になればなるほど，吐気量が大きくなり，それにつれて単語が伸びるからなんです。

〔67〕 What's the matter with you?
　　　　　　　　　マァラァー
　　（どうかしたの）
　　No, no matter.
　　　　　マァラァー
　　（別に）

〔西村式〕 matter は〔マァラァー〕とやるだけでわかりにくいですね。――これは初心者がアメリカで実際に階段で足をくじいたときの問答です。matter の t を『法則1』により l に発音すると，吐気音で文頭文末までイッキです。初心者にはとまどう文なので参考にしておいてください。

　この文と同じ聞き方で，
　What's wrong with him?（彼はどうしたのですか）の with him は（ウイズ ヒム）と発音しないで〔ウイズ イム〕とやる人もいますから慣れておいてくださいね。

〔68〕 What has happened to her?
　　　　　　　　　ヘェアプン タアー
　　（彼女がどうかしたの）

〔西村式〕 happened to her でアメリカ人もちゃんと発音しているんでしょうが，イッキで早口にまくしたてられると，〔ヘェアプンタアー〕に聞こえることがあります。これは happened to で〔ハプンダァ〕に her〔アー〕が文末に重なったためと考えられます。

〔69〕 You shouldn't look down at him.
　　　シュドン　　ルック　ダァウン　アッイム
（彼を軽蔑してはいけません）

〔西村式〕　shouldn't の t が聞こえないことがあります。このときは n に圧力が加わり，〔シュドン〕と聞こえます。at him は文末だけに特にスピードが加われば，聞きづらくなります。at him の at が〔t＋子音〕の法則により無音に近くなります。

〔70〕 You'd better go straight on this way and you can
　　　ユード　　ベラー　　　　ストレェイロン

　　　find it　　on your right side.
　　　ファインデイル ロン　　　ラァイ サアイド
（この道をまっすぐ行くと，右側にそれがあります）

〔西村式〕　go straight on は，〔t＋母音〕の法則により〔ゴォウ ストレェイロン〕に聞こえます。you can find it on の it on も t が l に近い音になりますから，〔ファインデイルロン〕に聞こえます。

　right side は〔t＋子音〕（法則2）により無音になり〔ラァイ サアイド〕に聞こえます。道案内ですから，よくリスニングだけは聞けるようにしておいてくださいね。

これからの効果的な学習法
――「シナリオ付き DVD」の活用――

　本書によって、かなり自信がついてきたでしょう。なにしろ「法則と実践」によって、あなたは成長されていますから。さて、これからの勉強法として次の方法をおすすめします。

　何でもいいですから，あなたの好きな映画やドラマのシナリオ付きの DVD を買ってきます。『ニューヨークの恋人』とか『ショーシャンクの空に』などもいいかも。アクションものは，英語が短いし、西部劇は以外にスラングが多いので、最初はさけたほうがいいでしょう。さて、そのシナリオを1枚, コピーします。

　そのコピーしたセリフのところに<u>『西村式ヒアリング・リスニング10の法則』の通りにカナをふってください。</u>

　たとえば,

　　　put ⌣ it ⌣ on
　　　　プッ　リィ　ロオン

という具合にです。

<u>語尾と文末が〔p, t, k, b, d+子音〕のパターンは, p, t, k, b, d をマジックインキですべて消してください。</u>たとえば I'm tired は〔アイムタイヤ〕と d が正しく聞こえなくてもそれはリスニングのための耳とカンを養うための方法と考えてください。

　<u>1日1頁3行〜4行ぐらいでいいです。</u>

　さらに，ヘッドホーンをかぶり，シナリオの一番速くて長い部分の音声を聞きながらあなたも同時に<u>声を出さずに息だけでイッキにシナリオを読んでください。</u>

このとき，1行1行ネイティブの速度と同じ速度で読めるまで，次の行に移らないで。なぜなら，あなたがもしネイティブの速度を，「スピードが速すぎる」と言って投げてしまえば，いつまでたってもそのスピードについていけないということになりますから。ここがふんばりどころです。そして1行マスターに1日かかろうと2日かかろうと，かまわずにネイティブの速度についていけるまで真剣にやってください。

　くれぐれもいっておきますが，シナリオの中で長くて，手がつけられないほど速い部分のみを吐く息だけで毎日毎日練習してくださいね。
　実際には，本書でくどいほど説明しましたがネイティブの英語のスピードが速すぎるのではなくて，母音になじみすぎた私たち日本人が，余計な母音をつけて発声してしまうので，その分，自然と発声のスピードも遅くなるだけのことなのですが，そこはひとまず無視しましょう。練習を続ければ，あなたはやがて他の映画の英語のスピードにも必ずついていけるようになります。AFN でも CNN でも BBC でも，ディベートでもスピーチでも，これまで聴き取れなかった英語がウソのように聴こえてきます。

　それでは，Have guts !

あとがき

あっという間に、1週間が経ちましたか。
そして、あっという間に、かなりヒアリングやリスニングに上達しているご自分に驚いておられるのではないでしょうか。

本書は、腹式呼吸による発声とヒアリング・リスニングとの因果関係を説明することによって、「ヒアリング・リスニング大革命」を志向しました。
あなたに喜んでいただければ、私にとっても無上の幸せです。

むやみやたらに英語を流すだけでは、いつまで経ってもヒアリング・リスニング力は上達しないこともよく理解していただけたことでしょう。

さて、向上したあなたといえども、この先も油断しないでくださいね。付属のCDを定期的に聴くようにしてください。
呼吸法や口慣らしを実行するようにしてください。
さらには、映画などのDVDを理論的に聴く習慣も維持してくださいね。やたらに新しい映画を追いかけるよりも、1つのDVDを、西村式の方法にそって、よりしつこく、根気よく追いかけてください。
ただ、聴くだけでなく、DVDとおなじスピードで発声する口慣らしも大事なことですよ、念のため。
ネイティブのスピードに近い発声ができるようになればなるほど、聴けるようになりますからね。

そうすれば、どんな英語のヒアリングやリスニングにも臨機応変に対応できるようになれます。どんどん英語が楽しくなり

ますし、「英語や英会話を学んでいるくせに、街でネイティブの姿を見かけると無意識のうちに避けて通るような」おかしな英語・英会話学習者組から離脱できますよ（＾＾）。

　よくある話ですが、TOEICで900点以上をとっている若手社員さんが勇躍アメリカに出張し、空港で相手のビジネスマンに電話をかけたけど、まったく相手の英語が聴き取れず、自分の英語も通じなくて呆然とした事例の数々……、（もっとも彼らもその後の実践によって成長していくでしょうが、）そういう事態に遭遇することは回避できますからね（＾＾）。

　『西村式ヒアリング・リスニング10の法則』は、討論やスピーチなどのフォーマルな英語よりも、むしろ日常の英会話で威力を発揮します。というよりもフォーマルな英語では、英語の語尾のp、t、k、b、d、hの音が丁寧に発声されますので、より鮮明に聴けるようになるのだとご理解ください。
　つまり西村式で練習を続けるとヒアリングやリスニングで困るという場面は極端に少なくなるはずです。

　もっとも若者ネイティブの英語は、さらに速いし、そのうえ独特の若者語を造りますので、現地では相当な英語の達人でも聴けないものです。そんな彼らでも、対面で話すときは、調子をあわせてくれるものですから、あまり心配しないでください。

　上質なネイティブが丁寧な英語をゆっくり話してくれても聴き取れないときもあります。それは、聴き取れないというより、相手の話している英語の単語やフレーズの意味を知らないので、「わからない！」と言うことになっているケースも考えられます。つまり、基本的な英語力の不足ですね。

ですから、できるだけ英単語やフレーズなども多く学んでいることも大切になります。

そういう意味で、いまやベストセラーの一角を占めています、『英語が1週間でいとも簡単に話せるようになる本』、『英語が1週間でイヤになるほどわかってしまう本』（各明日香出版社刊）なども、できれば学んでください。
今後は、「1週間シリーズ」で英単語の本や書く力がつく本なども予定しています。

英語上達の道は、十人十色、いろいろあるわけですが、西村式によって、「飛躍的に英語ができるようになった」と喜んでもらえることが、自称「万年英語青年教師」の私の本望です。

どんどん本書を活用してくださるあなたに深く感謝します。

なお、本書の出版に際しては、編集やCD収録などにおいて、明日香出版社の早川朋子さん、石塚幸子さん、黒沼明子さん、そしてまこといちオフィスの石野誠一さんに真摯なご協力をいただきました。また、西村式シリーズを書店さんに丁寧に販促してくださる明日香出版社営業部のみなさんへも、心からお礼を申し上げます。
ありがとうございました。

西村喜久

『西村式ヒアリング・リスニング10の法則』

(コピーして携帯してください)

1) 〔t＋母音〕のとき，t は l に近い音に聴こえる
2) 〔t＋子音〕のとき，t は無音かそれに近い音に聴こえる
3) 語尾が〔p, k, b, d＋子音〕のとき，p, k, b, d は無音に近い音で発声される
4) 〔m, n(g)＋t〕のとき，t は無音になることがある
5) 〔母音＋f〕は〔v〕の音になることがある
6) them は〔ェム〕，him は〔ィム〕，her は〔ァ〕と発音されることが多い
7) p, t, k, b, d が文末のとき，無音に近い音で発音されることが多い
8) 〔tr＋母音〕は〔チァ，チィ，チュ，チェ，チォ〕となることがある
9) 〔子音＋t〕のとき，t が無音になることがある
10) of は〔ァー〕と発音されることがある

■著者略歴
西村　喜久（にしむら　よしひさ）

元早稲田大学エクステンションセンター講師
西村式語学教育研究所株式会社　代表取締役
1943年11月17日京都市生まれ。
京都外国語大学英米語学科卒業。
同時通訳、企業向けの翻訳のかたわら、これまでの英会話、英語教育そのものに疑念を抱き、滋賀英会話学院（1970年〜1996年）を設立。
独自の英語教育を実践。"英語は限りなくやさしくなければならない"という英語教育の核を求め現在もその研究と実践に取り組む。
2008年日本文芸アカデミーゴールド賞を受賞
〈主な著書〉
『英語が1週間でいとも簡単に話せるようになる本』『英語が1週間でイヤになるほどわかってしまう本』『すごい！　英語は前置詞だ！』（以上、明日香出版社）などがある。

CDについて
CD部分を収録しています。
監　修：西村喜久
ナレーター：Chris Koprowski
　　　　　　久末絹代
収録時間：約40分

本書の内容に関するお問い合わせ
明日香出版社　編集部
☎ (03) 5395-7651

CD BOOK 英語が1週間でホイホイ聴けるようになる本

| 2013年 | 4月24日 | 初版発行 |
| 2013年 | 5月23日 | 第13刷発行 |

著　者　　西村　喜久
発行元　　有限会社まことオフィス

発売元
明日香出版社

〒112-0005 東京都文京区水道2-11-5
電話 (03) 5395-7650 (代表)
　　 (03) 5395-7654 (FAX)
郵便振替 00150-6-183481
http://www.asuka-g.co.jp

■スタッフ■　編集　早川朋子／久松圭祐／藤田知子／古川創一／田中裕也／余田志保
営業　奥本達哉／浜田充弘／渡辺久夫／平戸基之／野口優／横尾一樹／関山美保子
アシスト出版　小林勝　総務経理　藤本さやか

印刷　美研プリンティング株式会社
製本　株式会社新東社
ISBN 978-4-7569-1621-1 C2082

本書のコピー、スキャン、デジタル化等の無断複製は著作権法上で禁じられています。
乱丁本・落丁本はお取り替え致します。
©Yoshihisa Nishimura 2013 Printed in Japan

英語が1週間でいとも簡単に話せるようになる本

西村　喜久

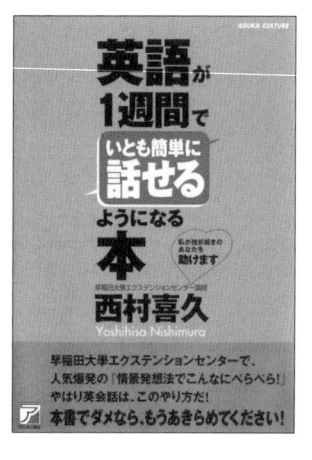

英会話は、だいたいが＜日本語＝英語＞の単語や言いまわしを見つけようとして、頭の中が真っ白になって、ギブアップ！　西村式は、言いたいことを自分なりの表現にする方法（情景発想法）を会得させてくれるので、短期間で英語が話せるようになる！

定価（税込）1,575円　B6並製　212ページ
ISBN978-4-7569-1185-8　2008.4発行

英語が1週間でイヤになるほどわかってしまう本

西村　喜久

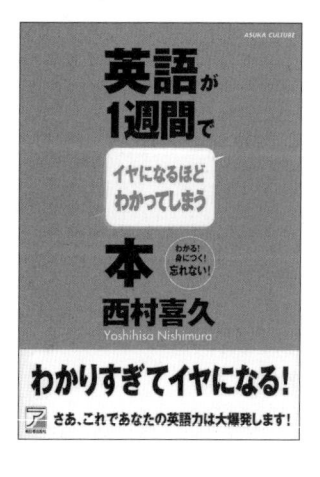

学校でbe動詞は「〜である」と習ってきましたね。これはこれで決して間違いではないのですが、英語講師歴40年の私は皆さんにbe動詞を「進む」と教えています。そこから目からウロコが落ちるように英語が見えてきます！

定価（税込）1,575円　B6並製　264ページ
ISBN978-4-7569-1598-6　2012.12発行

すごい！　英語は前置詞だ！

西村　喜久

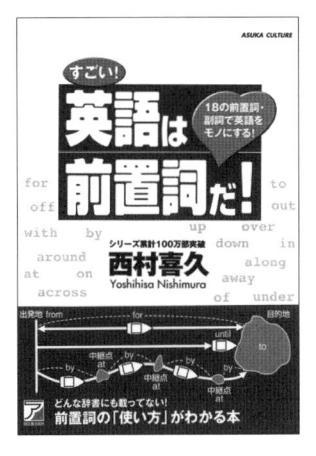

中学校の英語の授業でおなじみの前置詞ですが、中学生から大人まで共通して、使い方があいまいになっている方が多いのが現実です。ネイティブとの会話において無くてはならない前置詞をしっかり身につければ、もう英会話はあなたのもの！

定価（税込）1,365 円　B6 並製　248 ページ
ISBN978-4-7569-1463-7　2011.05 発行

英語は発音だ！〈西村式〉音の構造でロジカルにマスターする英語勉強法

西村　喜久

遠い昔、話し言葉は文字の誕生以前からあった――。その事実から生まれる「文字がない時代の人々はどうやって言葉を覚えていたのか」という疑問。そこで、「英語の音には1つひとつ意味が隠されていたのではないか」と着目した著者が長年研究を重ね、ついに集大成とも言える1冊をまとめあげた。イラストや図版で、視覚的にもわかりやすい内容。

定価（税込）1,680 円　B6 並製　304 ページ
ISBN978-4-7569-1549-8　2012.05 発行

1週間集中！　中学英語でここまで話せる

西村　喜久

今まで当たり前とされていた「暗記の繰り返し」の英語学習に疑問を持った著者が、発想力と自分の意思次第で、中学レベルの英語でも十分に話せる方法を独自に開発。日本人が抱く「英語は難しい」という思考のクセを取り除きながら、易しい学習法で英会話を楽しむことができます。

定価（税込）1,470円　B6並製　248ページ
ISBN978-4-7569-1426-2　2010.12発行

すごい！　英語は動詞だ！

西村　喜久

多くの日本人は、英語が日本語と同じように、1つの動詞に対して1つの意味しかないと先入観を持っているため、膨大な数の単語の暗記に時間を費やしてしまっているのが現実。実は動詞の意味は「力と方向」で決まることを知れば、基本的な動詞の働きを覚えるだけで、実践で応用できる英語を身につけることができる。

定価（税込）1,365円　B6並製　256ページ
ISBN978-4-7569-1501-6　2011.11発行